村庄全貌

苗山

紫微顶

辛安河

修复后的尚书府大门

修复后的祠堂

十三檩

曲氏牌坊

奉天诰命匾

拼成的“登科”匾

约山亭诗稿

李龙

李初妍

李挺生

李永绍

李震生

民先生(李晋谦)

李相祺

李明声及家人

龙头碑

商号堂号

食盒

官帽和帽盒

胶东传统村落文化志系列丛书

尚书故里

——山东莱山西解甲庄村文化志

姜玉香　林丽丽　于杰美　编著

中国农业大学出版社
·北京·

内容简介

“尚书故里，文化圣地”，西解甲庄独特的地理环境佑护着这个古老的村庄繁衍生息、绵延不绝。李氏家族“耕读传家”祖训代代相传，族人“崇德尚义”的故事家喻户晓。西解甲庄被称作“为官村”“经商村”。从建筑、民俗到传说，一个个故事、一处处遗迹，都在彰显着这个村庄的不凡历史。李氏子孙深爱着自己的家乡，以家族荣耀为荣。文化志的编写，从地理环境的探源到李氏家族的追忆，再到李氏先人的故事：从历史的重文擅商到近代的红色记忆，从建筑的遗迹到传承的民俗，再现村庄往事，记录生活片段。希望能保留村落中祖祖辈辈携带的集体记忆和村落历史文化，并将李氏良好的家风加以宣传和推广。

图书在版编目(CIP)数据

尚书故里：山东莱山西解甲庄村文化志／姜玉香，林丽丽，于杰美编著．—北京：中国农业大学出版社，2018.11

(胶东传统村落文化志系列丛书／李兴佐主编)

ISBN 978-7-5655-2108-9

Ⅰ.①尚… Ⅱ.①姜…②林…③于… Ⅲ.①乡村－文化史－烟台 Ⅳ.①K295.25

中国版本图书馆 CIP 数据核字(2018)第 224753 号

书　　名　尚书故里——山东莱山西解甲庄村文化志

作　　者　姜玉香　林丽丽　于杰美　编著

策划编辑　席　清　张秀环　　**责任编辑**　韩元凤

封面设计　郑　川

出版发行　中国农业大学出版社

社　　址　北京市海淀区圆明园西路 2 号　　**邮政编码**　100193

电　　话　发行部 010-62818525，8625　　读者服务部 010-62732336

编辑部 010-62732617，2618　　出　版　部 010-62733440

网　　址　http://www.caupress.cn　　**E-mail**　cbsszs@cau.edu.cn

经　　销　新华书店

印　　刷　北京玺诚印务有限公司

版　　次　2018 年 12 月第 1 版　2018 年 12 月第 1 次印刷

规　　格　880×1 230　32 开本　7.625 印张　170 千字　彩插 4

定　　价　29.00 元

胶东传统村落文化志系列丛书编写委员会

序

党的十九大报告提出乡村振兴战略，按照“产业兴旺、生态宜居、乡风文明、治理有效、生活富裕”的总要求，加快推进农业农村现代化。文化振兴是乡村振兴的重要目标，也是产业兴旺、生态宜居、乡风文明、有效治理和生活富裕的重要内容。习近平总书记强调：“文化是一个国家、一个民族的灵魂。文化兴国运兴，文化强民族强。没有高度的文化自信，没有文化的繁荣兴盛，就没有中华民族伟大复兴。”乡村文化振兴是乡村振兴战略的灵魂所在。

乡村是具有丰富内容的文化宝库，不仅有众多农业文化遗产，也包括方言、故事传说、民俗、节庆、地方文艺、价值观、信仰与禁忌和集体记忆在内的诸多“非物质文化遗产”，还反映在契合当地气候、环境与资源条件的建筑文化、饮食文化与服饰文化之中。分布于各地的文化遗产系统中的物种资源、农业景观、传统知识、农耕技术等，是人类社会数千年在广袤大地上留下的智慧足迹，是传统农业数千年积累下来的共同财富，是优秀传统文化的重要组成部分，也是构建中华民族核心价值观的重要精神文化资源。

随着城镇化的推进，农业社会正渐行渐远，乡村这座文化宝库在工业文明的冲击下正在衰落、遗失，渐渐被人淡忘，有些甚至已经失传。这对一个民族的精神和文化传承来说，无疑是一个重大损失。如何保护好、传承好、利用好乡村文化，是摆在我们面前迫切而艰巨的任务。

2015 年 12 月份成立的中国农业大学烟台研究院农业文化研究中心，凝聚学校科研骨干力量，整合业界学术资源，旨在以生态文明村（民俗文化村）建设为抓手，以农业文化遗产的保护为重心，以地理标志产品的文化内涵挖掘和品牌提升为重点，深入挖掘农耕文化中蕴含的优秀思想观念、人文精神、道德规范，充分发挥其在凝聚人心、教化群众、淳化民风中的重要作用，探寻乡村发展的内源性动力，助力乡村振兴。

2016—2018 年，农业文化研究中心先后承担了烟台市生态文明村（民俗文化村）建设项目，负责胶东地区 11 个村落的文化挖掘和规划编制工作。以《夼里人家——山东福山丁家夼村文化志》《尚书故里——山东莱山西解甲庄村文化志》《善因社会——山东福山善疃村文化志》为名呈现在我们面前的这套丛书，饱含了研究中心李兴佐、常亮、郑慧勇、姜玉香和姜希玉等师生团队的心血。两年多的时间里，她们带领学生深入乡村调研一百多次，访谈了数百名村民和村镇干部，搜集了 1 000 余幅珍贵的影像图片和 100 多万字的口述资料，对每个村落的民俗文化资源进行广泛深入的搜集、整理。在此基础上形成了这三本文化志，从每个村落地理环境到村落家族的追忆再到先人的故事，从村落起源、历史发展到近代的红色记忆，从建筑的遗迹到民俗的传承，再到现在的村容村貌等等，尽量全面再现村庄往事，记录村民生活。作者与村民一起回望来路，既理清了村落发展的全过程，又盘点了村庄拥有的家底和资源。与村民调研访谈过程中，也让久居习以为常的村民以新眼光打量自己朝夕相处的村落历史和自然景观，重新唤醒了深藏于村民心中的文化自觉和自豪感。

在作者和当地民众的共同努力下，把文化圣地胶东文化名村西解甲庄，依山而卧面水而居的丁家夼，民风淳朴以善为美的善疃村鲜活而丰满地呈现在读者的面前。相信读者一定会从这套丛书中领略到胶东传统村落文化之深厚，景观之诱人，体悟当地民众生活之丰富，生命之蓬勃。也相信，该项工作为保护利用乡村传统文化，重塑乡村文化生态，建设诗意闲适的乡村文化环境奠定基础。

朱启臻

2018 年 8 月 20 日于中国农业大学

目录

导言

耕读传家的文化圣地

这是一个古老而唯美的村庄。西解甲庄静静依偎在苗山的怀抱，倾听着辛安河水的涌荡，毓山川之灵秀，沛河流之润泽。它山环水抱，藏风聚气，是一块宜居的风水宝地。李氏宗族在这里开疆扩土，繁衍生息，耕读传家，书写着西解的传奇和故事。

“尚书故里，文化圣地。”西解甲庄是清朝雍正年间光禄大夫、工部尚书李永绍的故乡，它历史悠久，拥有灿烂的科举文化，是胶东文化名村，以读书仕子多而闻名，有父子同科、祖孙同僚、兄弟联袂的佳话。李氏后人李玉平诗中这样描写：“村前官道尘飞起，捷报这回到谁家？青山这边好风光，冠盖如云载道望。”第一位出任朝廷官员的李龙，一品官员工部尚书李永绍，桀骜不驯的武进士李师沆……目前列举的西解甲庄科举名人考里已经233位。真可谓“冠盖家家有，车马户户行。深院盈儒雅，高宅环佩鸣。”

西解甲庄不仅被称作“为官村”，也被称为“经商村”，自古商业十分繁荣。李氏宗族在清朝就开始了经商之旅，北京、上海、天津、大连、武汉以及朝鲜、韩国、日本大阪、海参崴等国内外地区都有李氏子孙的身影。清晚期著名的京城八大楼之一的“致美楼”，其老板李相祺就是李氏族人。第十一代孙李九龄是最典型的代表，在北京经商致富后，回乡建造了一大片宏伟的府邸，其故居李氏祠堂和十三檩现在还保存较完整。村庄至今仍有许多商号堂号传世，如尚德堂、同德堂、东兴等。西解甲庄现代商业也十分繁荣，牟平西关村海德集团公司董事长李德海是其典型代表。他是李永绍的第十六代后裔，多年来，他带民致富，富甲一方。

李氏宗族之所以如此兴旺发达，源自他们对教育的重视。李氏先祖立下了“耕读传家”的祖训，并将之郑重写入族谱，鼓励后代子孙要勤于耕读。被后人誉为“西解甲庄科举文化奠基人”的五世祖李初妍，以身示范，清顺治戊子年，他与儿子李挺生（工部尚书李永绍之父）同科考取岁贡。正是在祖辈的激励下，李氏子孙奋发努力，创造了一个又一个科举辉煌。

李氏宗族注重对孩子的教育培养。清顺治年间，村里开始兴办私塾，极力传承“耕读传家”的家风。李氏子孙不分男女，从小在私塾接受启蒙教育，为人生发展打下了良好的基础。清嘉庆年间，由李九龄倡导李氏族人捐资修建了陇西小学，距今已有200多年的历史，比周围村庄的小学早100年左右。李氏族人对男孩女孩一视同仁，女孩可以和男孩一样进入学堂，所以村里很多女性从小也受到了良好的教育。她们走出家庭，走出西解，在各行各业取得了较好的成就。1940年，陇西小学校长李希尧以新式教育代替封建教育，并将男女合班，开创本县教育新风。后来的西解完小、西解中学都是全公社、全镇的教育典范，教育质量得到了社会的广泛认可。

李氏宗族把崇尚文化、重视教育的追求理念精巧地融入了村落的整体布局中。村里以前荷花湾的形状像聚宝盆，流经大半个村庄的穿心河河水流入其中，寓意财不外流；又像个砚台，祖辈希望子孙们出更多的读书人。他们还参照北斗七星的方位布局在村庄打下了七眼井，在魁星楼井旁边建造了魁星楼，以护佑学子们金榜题名。李氏先祖对于文化的崇尚，对子孙的深切期望令人赞叹感动。

因村里为官、经商的人多，西解甲庄自古就比较富裕，拥有众多的土地，因此需要大量的外来雇工，所以新中国成立前村庄曾经有个名为“工夫市”的劳务市场。村庄的繁盛富足也体现在它的村落建筑上。几百年前，村落800米的长街上，300幢官宅民居高大轩昂，错落有致分布其中，其规模据说是胶东之冠。现在村里还保留着多处古宅民居，我们依然能从那些饱经沧桑的老屋旧舍窥视到曾经的繁华。

李氏宗族“耕读传家”，要求后世子孙勤于耕读，修身养性，追求内心道德的完善。村里很多堂号以“德”命名，忠德堂、同德堂、尚德堂等，反映出李氏族人对立德修身的重视。“崇德尚义”就像一粒种子在每一位李氏子孙的心里生根发芽，他们不论为官还是经商，都崇德尚义，品行端正，心怀天下，时刻不忘回报家乡和社会。西解甲庄地势平坦，李氏族人胸襟开阔，整个宗族一直有一种奋发向上的进取精神，一种不甘屈于人下的强者精神。他们背着炒熟的黄豆，走向远方，执着于追求人生的理想，行济世救民之伟业，成为后代子孙的骄傲。

一泓碧水，幽幽荷香。深深庭院，玉兰芬芳。壮观精美的尚书府建筑，气势恢宏的李九龄府，在历史深处款款低诉和殷殷呼唤。尚书府，在西解甲庄村民心中永远是一尊不朽的精神丰碑，它留给李氏后人的是记忆中的荣耀与骄傲，也是现实中的激励与鞭策。他们对自己的家族有一种使命感和责任感，近年来一直在为尚书府和李氏祠堂的修复奔波，在为村落文化的保护宣传而努力。

留住行将消失的村落记忆

在中国快速城市化的推进下，西解甲庄这个位于烟台市城乡接合部的村落，水泥路宽敞洁净，长长的商业街店铺林立，商业化、现代化特征已经十分明显。对村落历史知之甚少的并非只有外人，村里很多李氏后人对自己家族和村庄的历史文化也知之甚少。对大多数人而言，知道的不过是村委会大院墙上悬挂的十几幅先祖画像，以及村中那一幢幢青砖灰瓦、飞檐斗拱的古老房屋。

令人稍感欣慰的是，村庄保留了很多珍贵的文献资料，有村志、李氏族谱以及李永绍的诗稿书法等，但很多方面依然只能靠对老人们的调研采访获得。我们的调研对象基本上都是60岁以上的老人，年龄越大，越具有采访价值。80岁以上、身体健康且记忆力好的老人最佳，但这样的采访对象很少了。村民经常遗憾地说，你们早10年来就好了，那时那些对我们村历史熟悉的老人们都还在。李培钦老人（1926—2016）一个月前身体还不错，等我们去采访时却病得无法言语。他曾经是村里的小学老师，肯定知道很多村里以前的事情，但从他那儿我们一无所得。还有李明熙老人（1925—2017），他戎马一生，高高的个子，表情宁静。我曾多次和他交谈过，但我们的调研还没结束，他却溘然长逝。一个老人的离去，不仅带走了自己的故事，也带走了他所知晓的全部村落记忆。对于村落文化的抢救真是时不我待。

记忆，让我们记住过往的生活。集体记忆是保存社会文化的载体，也是连接个人与社会的纽带，但现在的乡村可以说身处集体失忆的边缘。青年一代要么外出打工，要么只想努力读书逃离乡村。

他们与自然环境相对疏远，对村落礼俗、家乡的历史文化都基本处于无知的状态。大多数中年人对村落历史都知之甚少，就不用说那些20岁左右的年轻人了。我很认真地问过一个年轻小伙子："对于重修尚书府，你的想法是什么？"小伙子不好意思地挠挠头，笑了笑，不说话。是的，他无话可说，我知道他对于李永绍、尚书府知道得太少，挂在村委民俗馆的李永绍画像他都未必认真看过。

没有了解与记忆，何来情感与尊重？而那些老人们则是充满深情地向我们描述尚书府和李九龄故居，整个建筑群如何鳞次栉比，气势磅礴。巍峨壮观的门楼，高高的门槛，小时候他们过门槛都要往上爬，调皮的孩子也经常骑在门前的大石狮子上面玩。院落里，栽种的是名贵的木瓜树、牡丹花，玉兰花是粉红色的双瓣玉兰，味道清香浓郁。这些，年轻人已鲜有所知，就更不用说从明初一代祖先开始，李氏先祖们如何耕读传家，奋发努力，创造了科举文化的辉煌。后代子孙又有多少了解和记忆？作为外来者，我们都为村落丰沛的文化底蕴惊叹，为李氏祖先崇德尚义、拼搏意识感慨，他们对后代子孙又该有多少激励感动呢？遗憾的是，应该延续的村落记忆现在基本断裂。

过去的生活存在于人们心中，人们带着这些往事活下去并从中获得生活的意义。不同层次的群体如家庭、村落、阶级和民族，都以各自不同的方式保留着他们对于过去生活的社会记忆。这实际上保留着他们认同的文化传统和价值观念，这是维系共同情感的深厚凝聚力。因为这份特殊的记忆，才会让人们保留自己的文化传统，那些左右人们生活的价值理念才得以传承，这是维系共同情感和深层凝聚力的一个重要前提。

李氏子孙深爱着自己的家乡，以家族荣耀为荣。多年来，他们一直希望能重修尚书府和李氏祠堂，凝聚族人，激励后人，继承和发展优秀家族文化，他们一直在为宣传自己的家乡和宗族而努力。我们走进西解甲庄，通过采录访谈的方式再现村庄往事，用文字、声音、图片捕捉生活的瞬间，记录生活的片段，希望保留村落中祖祖辈辈携带的集体记忆，保留村落的历史文化，但更希冀把李氏宗族“耕读传家”“崇德尚义”的良好家风加以宣传和推广。目前，习近平主席大力提倡家庭建设，注重家教建设、家风建设，优良传统文化的继承与发扬光大，也是乡村振兴战略的灵魂所在。因此，这本文化志应具有十分重要的意义。

一、解甲成庄

苗山紫微顶

作家老舍在《济南的冬天里》这样写道：这一圈小山在冬天特别可爱，好像是把济南放在一个小摇篮里，它们安静不动地低声地说“你们放心吧，这儿准保暖和。”站在西解甲庄，面对苗山和紫微顶，你就有这样的感觉。北面的苗山和南面的紫微顶，好像是把村庄放在一个小摇篮里，他们安静不动地低声说“你们放心吧，这儿准保幸福安乐。”我想，多少年前，当李氏第一代祖先风尘仆仆来到苗山脚下，面对着滔滔辛安河畔这片宽阔的土地时，心头涌起的可能就是这种到家的温暖感觉。他终于决定就此安家落户，不再漂泊。

西解甲庄背依苗山，面朝紫微顶，两座山一南一北护卫着村庄。对于苗山，《莱山区志》是这样记载的：“苗山，海拔 145 米，位于解甲庄北，南北 2.5 千米，东西 2.5 千米。此山原系苗氏所有，明末得名苗山。”

为何说此山原系苗氏所有？据说最早是一群苗姓人来到村北的山脚下安顿下来，他们不畏艰辛，辛勤耕耘，把荒凉的小山变成了五谷丰登的花果山。苗姓人感谢给他们带来幸福的小山，把这座小山命名为“苗山。”很早以前，村庄里面有“座山户”和“占山户”之分。“座山户”指的是村庄里的原居民，指的是苗家和姚家，李家则是后来迁入的“占山户”。苗家和姚家的房屋位于村庄的西北方，李家迁徙来的时候，为了尊重座山户，同时也是为了给苗姚两家留出发展的空间，就在离他们两家南面一箭之地建造房屋。苗姚两家后来因为人丁艰难，逐渐萎缩。新中国成立初期，苗家仅在村庄的西北角，留存下了一块残壁断垣，姚家最后的一个女儿嫁到了小山后，结束了在西解甲庄的存在历史。

苗山，山顶浑圆，两边地势舒缓地向东西方向延展，山上绿树成荫，逶迤葱郁。从南边的紫微顶向北望去，苗山恰如一把太师椅气定神闲地坐在那里，面向辛安河，伸出双臂拥着自己的两个孩子——东、西解两个村庄，静静地护佑着他们成长。长久以来，西解甲庄的村民也一直以有苗山做靠山而倍感骄傲。

苗山山上树木茂盛，但是，树龄都不长。以前，山上树木十分繁密，高大的松树遮天蔽日。1947 年，区委号召大参军，南寨村有十几人参加人民解放军，时任区委书记的西解甲庄人李奎元就把自己村里的苗山奖励给了南寨村。南寨人感觉离家太远，就把很多树木砍伐带了回去。现在山上的板栗、松树多是 20 世纪 50 年代后种植的。

苗山顶峰原来建有一座龙王庙，供奉的是东海龙王，人们每逢祭日都焚香祈求其保佑百姓风调雨顺、五谷丰登。这座香火兴盛的龙王庙，在新中国成立后被夷为平地，逐渐淡出人们的视野，也没有留下确切的文字和影像资料，现在我们只能从老人的模糊记忆中管窥当年龙王庙的风采。

美丽的苗山人杰地灵，苗山脚下人才辈出。明洪武年间兵部尚书赵仁，清雍正年间工部尚书李永绍就是苗山脚下走出的杰出代表。对此，民国宋宪章版《牟平县志》这样记载：苗山在县西二十五里。孤峰巍然，东西二长岭，蜿蜒飞舞而下，其东岭之委，明兵部赵尚书故宅在焉，其西岭之委，清工部李尚书所居也。南为大山，亦极磊砢雄秀。

与苗山相对，在西解甲庄村南面，坐落着一座风景秀丽的丘陵，叫紫微顶。据说这个小山最初叫刺猬顶，也有说人叫慈悲顶，名称的由来无人知晓。村民李玉平发现，这个山顶正对着天空紫微星的方位，他认为李氏先祖都儒雅博识，可能是命名此山为紫微顶，后人发音误传了。紫微顶山海拔约140米，与辛安河南岸相依，山上树木茂盛，风景秀丽，处于围子山系范围之内。山上有一条水泥铺就的防火通道铺到半山腰。如果要爬到山顶，必须在山腰下车，人只能在树林中穿梭而行，需要半个多小时才能爬到山顶。

站在山顶，山风凉爽，枝叶婆娑。远眺，对面村庄房舍井然，依着山势静静卧于苗山的怀抱，一派幸福祥和的景象。紫微顶与北面的苗山相对，恰似西解甲庄村南门户的照壁，与苗山一起将村庄保护起来。

桂花托月

西解甲庄四周群山环绕，东面是辛安山，南面是垛山（包括双山、香山、紫微顶），西南是祥山，西面是桂山、荆山，西北是金斗山、西北山，正北是苗山。在众多的山脉中，桂山最为著名。旧时，牟平有四大“照山”，为“东卢、西桂、南蛟、北崔”。“西桂”，指的就是桂山，它坐落于莱山区解甲庄街道西南，自古以来就是个物华天宝、人杰地灵的风水宝地。《莱山区志》如此记载：“位于解甲庄镇沟头店村西南，高顶山之东北。海拔 263 米，南北、东西各 2 公里，为境内名山之一。相传此山原有桂树，得名桂山。其山岭绵延，秀异峭拔，是古时宁海州名景之一。”

李氏六世祖李梦生曾题诗一首，题目为《咏桂山庵咏梅桂花》：山楂梅桂依时开/菜蕊铺黄亲绿苔/想是天公怜寂寞/故叫群卉斗芳来。这首诗是桂山有桂树的有力佐证。关于桂树，还有一个美丽的传说。

桂花托月

桂山山高林密，巍峨雄壮。在半山腰一处平缓的地带，有一块像龙的巨大岩石，拔地而起，丈许有余。人们称此地为老龙角。

传说在老龙角生长着一棵巨大无比的桂花树。这棵古老的桂花树，根深枝壮，葱绿茂密，生长旺盛，树冠呈心形，看似一把撑开的倒立的巨伞，遮地达半亩有余。枝外分枝，节外生节，密密层层，枝叶茂盛。远远望去，犹如从地面上拔起的一个巨大蘑菇，这在当时也是桂山的一大奇特景观。每年八月，金桂花开，香飘乡里。每逢十五，中秋佳节，一轮明月从山后冉冉升起，圆月落在桂花丛中，绿树圆月，花香月明，金光四射，烘托起一大靓丽的自然景观。饭后茶余，百姓们聚在一起，闻花香，赏明月，此情此景，美轮美奂。所以民间素有桂山“桂花托月”之说。相传康熙年间，某年八月十五中秋佳节之夜，康熙皇帝在北京的乾清宫宴请文武百官大臣，品酒赏月，喜庆这祥和升平之年圆月的中秋佳节。康熙皇帝与众大臣举杯交盏，开怀畅饮，偶在金杯玉樽之中看到桂花托月这一景观，当时就惊叹不已，即命钦差大臣寻访此景观之所在。尔后得知山东宁海州属地桂山“桂花托月”这一详情，一道圣旨派遣工部分管林木花卉司官员，立即赶往山东宁海州属地桂山，将这棵千年桂花树移植于北京皇家行宫颐和园。

桂山由大桂山、二桂山、小桂山三座山脉组成。群峰逶迤，层峦叠翠，山青水碧，林壑幽美。桂山还与牟平十景之一的“白塔残阳”有关，是说每当春末夏初时分，落日在城西30里的桂山低凹处，残留半边，尚未沉没，此时牟平城南的双塔周围已暮色四合，但塔峰和中间空隙，仍可见来自桂山的夕阳余晖。桂山不仅景色优美，还有很多传说广为流传，如“狼洞探险”“金柜银柜宝葫芦”“魏忠贤桂山采金”等。

金柜银柜宝葫芦

据传说，桂山之中藏有十八座金柜，十八座银柜，但是后人不敢开采，因为山里的水如果溢出来，能淹九州十八县。

很早以前，桂山北麓建有一座小庙，小庙造型别致，独具一格，就地取材，由清一色花岗岩石块石板垒成。耳朵贴着庙里的石板地面，便可清晰地听到山中潺潺的流水声。当时，庙里住着一老一少两个和尚，据说这两个和尚是专门看护管理桂山的。有一天深夜，老和尚做了一个梦，他梦见一个须发皆白的老丈，身上挂着一个宝葫芦，拄着龙头拐杖来到他的屋前。老人对他说："桂山藏有十八座金柜，十八座银柜，如果没有金钥匙的开启，将永远不露世面，深藏于山中。我今天给你一粒葫芦种子，你明年开春后种下，结的葫芦里有专门开启金柜、银柜的金钥匙。这是一个天大的秘密，不得外传，你千万要记住！"老和尚梦醒以后，回忆梦中老人的模样及梦中所述，原来是南极仙翁托梦于他。

第二年春天，老和尚把仙翁给的葫芦种子以及其他的瓜果蔬菜，一并种在桂山前的一些零星地块上，小和尚每天下山到平塘里挑水浇灌。在师徒二人的精心呵护和管理下，葫芦长得特别茂盛，一共结了大小九十九个葫芦，一个个昂着头挺着腰很有精神，其中有一个葫芦长得特别大，正是内有开启桂山金钥匙的宝葫芦。

老和尚有一个最大的嗜好，就是下棋。有一天，老和尚安排好了庙里的事宜，就准备下山寻友弈棋。临走时再三叮嘱小和尚要好生看管，千万不要摘葫芦。老和尚下山以后，小和尚好奇心切，左看看右瞧瞧，非要探个究竟。

正午时分，未等老和尚回山，就擅自将这个大葫芦摘了下来，用刀切开一看，里面整整长了六六三十六把钥匙，可是这些钥匙因葫芦没有成熟，所以没有长好，在阳光的照射下，一把一把都萎蔫了。

老和尚当时正在梁家夼下棋，感觉脸上发烧发热，顿知大事不好，立马推棋认输，急忙赶回山上。一看眼前的情景，当时就气绝身亡，小和尚后悔不迭，也当场一头撞死在庙门上。据说桂山金柜、银柜由于没有金钥匙的开启，所以至今还一直埋藏于桂山之中呢。

金柜银柜钥匙的传说在民间有不同版本，传说虽然带有一些神秘色彩，不过也暗示了桂山具有丰富的金矿资源。《登州府志》等地方志对此均有明确记载。民国《牟平县志》记载："桂山介于二三区之间，向以金矿著名。土人之淘取者，历代皆有；所得利益，现时每工每日，平均达五六角。较之金牛山有过无不及也。然其采取地，多在山之东麓沟头店一带河流中，桂山东侧，有小支流归所在地，现今公牍中称为辛里河（即辛安河），桂山周围小河沟内，均有砂金，以辛里河为最丰富，面积亦较大，而于山之全部，则绝无侵动。"

有储量丰富的黄金资源，必然引来淘金潮。自古以来，桂山脚下淘金热浪此起彼伏，源源不断。新中国成立后政府组织劳改犯进行过一次大规模的采金，20 世纪 70 年代公社也开采过，当时王震副总理曾经视察工作。90 年代，成立辛安河金矿，利用采金船采金，规模最大。村里的老人大多会淘金，在村民的记忆里，桂山下这一带翻来覆去不知淘了多少遍，从手工的淘金簸到大型的淘金船，好像这里的金子永远也淘不完。

自古名山多庙宇。当初桂山曾建过不少庙，比较有名的是龙王庙、关帝庙、三官庙等，龙王庙建在桂山顶端，而三官庙则建在大桂山脚下。如今的三官庙遗址已是杂草丛生，古树参天。桂山还另有一座香火兴盛的“白衣丝母祠”，清雍正年间工部尚书李永绍写有一篇《白衣丝蚕庙记》：“沟头北村，新建白衣丝母祠，工既竣，而请记子余。”由此看来，桂山建有白衣丝母祠并非虚传，只是由于年代久远，现已无迹可寻。桂山上有两个“狼洞”，一个在桂山的东麓，另一个在桂山的北麓。这两个洞穴究竟是天然形成的，还是魏忠贤开挖黄金留下的，谁也说不清楚。周围村庄对其称呼也不尽相同。梁家夼村人称其为狼洞，是因为当年狼太多了，沟头店村称其为老清洞，1936年重修《宁海州志》有载：“山脚有洞，东西通透，水深莫测，人每燃柴洞口，以探其浅深，而烟则从山后洞出焉。”大概记载的就是这座狼洞洞穴了。众多的传说为桂山增添了不少神秘色彩。

辛安河

“水光潋滟晴方好，山色空蒙雨亦奇。”这是我们见到辛安河的第一印象。碧光粼粼的水面上，飞翔着几只白色水鸟，参差的水草在水底招摇，水下的碎石肉眼可见。就像乡里人小调中所唱：“谁不说俺家乡美，清凌凌的水来，瓦蓝蓝的天……”辛安河果然名不虚传。它作为烟台市的六大水系之一，是西解甲庄的主要水源地，也是一条重要的防洪生态廊道。

辛安河因流经辛安村南而得名。河全长约 42.5 千米，平均宽度 100 米，流域面积 313.8 平方千米，洪峰期径流量 7 070 万立方米。河道平均比降 4.2/1 000，流域河网密度 0.77 千米/平方千米。平均含沙量为 2.28 千克/立方米，年输沙量 15.6 万吨。辛安河有两个源头，一个是松山，一个是狼洞顶，它们各自北流，在高陵水库汇合，然后向北流去，在解甲庄境内被称为辛安河。

西解甲庄北靠苗山，南临辛安河，依山临水。古人云：山抱水环，必是风水宝地。李氏先祖当初选择在此落户，就是看中了这得天独厚的地理优势。苗山如父，雄壮伟岸，不仅阻挡南下的寒流，还为附近的村庄提供了充足的物质保障；辛安河如母，温婉细腻，滋润了一代又一代辛勤劳作的李氏子孙。辛安河河床两岸的土地肥沃，旱涝保收，适于耕种，曾让西解甲庄成为一个小麦、玉米等农作物的主要产区。除此之外，辛安河还是名副其实的黄金水道，河床下蕴藏着丰富的黄金资源，砂金开采历史可以上溯到明朝，当时沿岸百姓还以此养家糊口，度过荒年。

然而，“水能载舟，亦能覆舟”。人们在接受辛安河馈赠的同时，也要承受河水带来的痛苦。辛安河在历史上多次发生决口，给附近村庄带来巨大的灾难。每到汛期，河水肆虐，冲垮河堤，卷走庄稼，百姓都束手无策，只能望水兴叹，苦不堪言。现在，村民记忆中有两次最严重的洪灾：1948 年 8 月，因天降暴雨，辛安河水泛滥，淹没大片庄稼，农作物基本绝收；1953 年 7 月，辛安河堤坝决口，河水奔涌而出，160 余户村民受灾，倒塌房屋 50 余间。大家都无法相信，曾经那样温柔的辛安河，被当成亲人的辛安河，也会有如此凶猛的时候，留给村民的只有道不尽的悲凉。

为了减轻洪灾，造福乡民，1975 年，牟平全县范围内大搞农田水利基本建设，调整村队间插花地，修整泊地，筑台田，挖条田。时任解甲庄公社党委书记王志远同志带领一班人，动员全社力量将辛安河改道，同时按预防 30 年、50 年和 100 年一遇洪水等级而设置了三条防洪坝，并将其融入自然景观之中，形成了三条独具特色的慢行系统，分别是滨河步道、自行车道和车道，为人们提供多样化的游览选择。自 2012 年以来，围绕着“尊重自然、崇尚人文的现代莱山”发展思路，莱山区委、区政府共投资辛安河治理资金 1.38 亿元，进行了全面河道清淤和水利工程建设，实现的不仅是景观效益，更重要的是给两岸居民带来了实实在在的经济效益和生态改善。

辛安河湿地公园是关于辛安河景观打造的一个整体规划，包括大山后后桥至朱柳橡胶坝的河岸两侧，占地面积 40 公顷，依托辛安河水系和文化复兴等人文自然优势进行建设。主题公园建设是辛安河景观带打造的重要部分，包括樱花苑、梅园、兰园、竹园、菊园等。园内各种花争奇斗艳，芳香四溢。漫步于小径，赏风吹杨柳，蜂戏花间；驻足桥上，看白鹭翱翔，鸟儿嬉戏。樱花苑位于西解甲庄村南，占地面积达 80 多亩，总投资 1 000 万元，于 2013 年 6 月建成。樱花苑里面栽植有樱花 2 000 余株，并伴植海棠、红叶桃、玉兰、水杉、龙柏等 70 余种树木约 2 万株。辛安河湿地公园建成后，整个辛安河流域成为集生态、休闲、旅游、垂钓于一体的生态休闲观光带，免费为辖区群众及广大城乡居民提供一个休闲娱乐的好去处。

经整治规划后，辛安河的面貌焕然一新，自然景观闲散野逸。河道两岸郁郁葱葱，运气好时还能看到白鹭飞天，野鸭嬉戏，让现代人欣赏到“落霞与孤鹜齐飞，秋水共长天一色”的美妙景色。清晨，当第一缕阳光在辛安河的氤氲里游走，整条河又变得活跃起来；黄昏，岸边孩童们还在嬉戏打闹，余晖落在脸上，小脸红扑扑的。几个老人撑着鱼竿，期望收获今天最后一条肥美的鱼儿。

水清岸绿的辛安河，流露着自然的灵气，滋养了莱山的气韵，它是西解甲庄的生命之河，也是新世纪人们尊重、崇尚自然的真实写照。

紫微顶、辛安河

人居村落

西解甲庄位于烟台市莱山区解甲庄镇镇政府驻地西侧。东与东解甲庄相连，南与大山后、繁荣庄隔辛安河相望，西与解家河交界。背靠苗山，面临辛安河，域内北高南低，泊多丘少，土地较平坦，以河滩地、滨海缓平地、滨海洼地、沙滩地、沙丘为主。至 2016 年，村里共有人口 3 120 人，住户 526 户，李姓占全村 90%。

西解甲庄历史悠久，村名的由来也带有一些轶事趣闻。明嘉靖年间，李姓从山西小云南迁居宁海，后建此村。解甲庄以一条南北走向的小河为界，本村居小河西，故称西解甲庄。关于村名的由来还有两个传说：据说曾有一将领路经此地解甲归隐而得名；另一个更具传奇色彩，有一将领被敌军追杀，逃至此地，为躲过敌人追踪，将身上铠甲全数解下，把自己装扮成一百姓，敌人没有识破将军身份，将军才得以活命，于是将此地记为解甲庄，以示纪念，村庄由此得名。

村庄南有马屯线公路，北靠荣烟公路，交通十分便利。村庄西边是一条南北走向的宽敞大路，是西关村李德海捐资修建，因此叫西关路。东边有一条小河，一直没有名字，但它是东、西解甲庄的分界线。小河发源于苗山，从苗山脚下汇聚自苗山上的山水、雨水自北向南潺湲而下，经过镇政府，至金鹏饭店处往东流至老邮电局处又转而向南流，路经解甲庄饭店后偏向东南方向，跨过有牌坊的商业街，在李升平家与马屯线交界，后流向变为由西向东，穿过大片园林后汇入黄海。该小河平时水量较小，下大雨时才会水量增大。如遇干旱，就会水道干涸。河道较窄，平时水质略混浊。河道两岸已经做过水泥硬化，两岸边上部分地区有杂草，部分河道被埋入地下。

村庄中心有一条东西向的中心大街穿过，把村庄分为南北两大部分。这条街是村庄的主路，村民习惯称之为大街。大街南北各有几条东西向路，分别为南街、后街和小北街等，这些长长短短的街道和深深浅浅的胡同把村庄分割成大小不一的各个区域。一条小河从北苗山沿村西顺势南流，犹如玉带般环绕着村庄，缓缓流经原东大厅和转角房，后回转一路向东，经李九龄老房、李氏祠堂、原普济庵和陇西小学门前，最后静静汇入村东南的荷花湾。这条小河叫穿心河，是由苗山的雨水和村民的生活排水汇聚而成，一般水量很小，多时干涸。

村庄呈“长方形”，静静卧于苗山的怀抱。村里街道整齐，屋舍俨然。不同区域村民有不同的习惯性称呼，如东耩、西耩、后沟等名称。每一片村民大都用一些代表性建筑称呼，比如转角房（在十字街口，大街与小河的拐角处）、东大厅、西大厅、青生等（堂号名）。西耩指的是西关路以西，东耩是原尚书府后面的部位，北井就是指村庄北井附近，后沟则是指北井后面区域了。

大街东入口原来有一座曲氏贞节牌坊，建于清代道光十四年，是为了表彰李氏十世祖李钧之妻曲氏而建。后来因为影响交通和存在安全隐患被拆除。新牌坊于1993年重建，在老牌坊东南，位于村庄东街口。这条街是村庄新辟的商业街，两边店铺林立，人来人往，十分热闹。西解甲庄自古就有很多人出外经商，现在商业依然比较繁荣。以前村庄出去谋生的人，挣了钱，总要不时往老家“捎钱”，这是中国人根深蒂固的习惯。据说，直至新中国成立后，整个解甲庄镇，游子们每年从外地往老家“捎钱”，一半都捎到了西解甲庄。这个村子在外为官、经商、做工的人数之多，可见一斑。

西解甲庄是胶东文化名村，以读书仕子多而闻名，历代科举不绝。仅清朝，出仕的共 140 人。村庄现在的宣传语是“尚书故里，文化圣地”，它是清朝雍正年间光禄大夫、工部尚书李永绍的故乡。以前村庄里有 300 多幢古代官宅和民居。老牌坊里面街北为李丕钦家，西边是尚书府、东大厅、徐行家、转角房、西大厅和锁郎门。街南是李九龄府。到小河，西边是西南区片，这是村庄最早的古建筑群，也是尚书的出生地。北起小河，南至南街依次是魁星楼、东兴家合路通街、李铭义家四合院，西边是零星分布的老宅。以前，这数百幢官宅和民居，错落有致，磅礴列峙，形成了一个蔚为壮观的古建筑村落。村庄现仅存 27 栋旧官宅和民居，青砖黑瓦，默默诉说着 300 多年的风雨沧桑。

李永绍故居是皇帝敕建的尚书府，当年位于村中央大街路北，周围阔 20 亩，房屋百余间，十分气派壮观，可惜几乎完全被历史湮没，只有大门门口的底座尚存。尚书府以东街南，有一片规模宏大的官宅建筑群，是李九龄的旧居。李九龄是李永绍族孙，因经商致富，回乡建造了这片宏伟的府邸。占地面积约 1 公顷，房屋 150 余间，设计讲究，气势恢宏。现在虽已大多破旧坍塌，但依稀仍见以前的辉煌。

尚书府，在西解村民心中永远是一尊不朽的精神丰碑，它留给李氏后人的是记忆中的荣耀与骄傲，也是现实中的激励与鞭策。近年来，西解人一直在为尚书府的重建而奔波努力。在李氏子孙和社会多方的共同努力下，李九龄故居已被保留下来，并与尚书府进行整合，目前正在分期进行修缮恢复。

村碑

村庄

二、驱虎拾钱

李氏宗族

元末明初，山东为元明争夺要地，战争频繁，山东半岛人口锐减，加之黄河泛滥，瘟疫横行，出现了“白骨露于野，千里无鸡鸣”的荒凉景象。明朝建立后，开始向山东大批移民。明朝洪武年间，在山东半岛一隅，也就是今天的烟台牟平区，来了一位风尘仆仆的年轻人。他，便是李氏宗族的先祖李成。

李成一行受朝廷移民政策驱使从山西云中地区以南，也称为小云南的地区跋山涉水来到宁海州，从此定居了下来。数代之后，由于人口增多，居住在宁海州城西门里的李松全家迁移到了离城 20 里的西解甲庄。虽然当时那儿比较荒凉，但是李松一眼就看上了这个依山傍水的地方。当时村里已有苗、姚二姓居住。苗家占据北山，姚家占有山根，李家则在李松的带领下在辛安河流域的荒地中开垦出了大片良田。这片荒凉的土地上从此有了李家人的脚印，他们不辞劳苦，收获了财富，也收获了喜悦。他们让屋舍旁的小桥下有了流水，让树梢上的鸟儿唱起了欢歌，让山间的果树亲吻着白云，让村庄的空气中飘满了荷香。

数十年倏忽而过，李松拖着老弱的身躯望着这片他曾经挥汗耕耘的土地，往事历历在目，但是他已经老了。他临终前告诫自己的儿子李奉，要克勤克俭，牢记祖训，让李氏家族在这里世世代代繁衍发展下去。此后，重担落在了他唯一的儿子李奉身上。李奉秉承父亲遗志，白天挥汗耕作，晚上秉烛夜读。他有一个儿子，名叫李龙，李龙是李氏家族迁徙到西解甲庄以来第一位出任朝廷官员的人。李家在村庄扎稳了根基，生活渐渐稳定富裕。李龙养育了三个儿子，分别是李东齐、李东鲁、李东周三兄弟。李氏家族从第四代开始不再是一代单传，开始人丁兴旺。为了谋求更好的发展，他们不得不往外迁徙了。

大哥李东齐让兄弟们继续留在故土，他迁往了李家疃，开启了李氏家族外迁的记录。他有一个儿子，叫李争华。他的三个孙子，分别是李可观、李可登、李可忠，李可观作为长支留在了李家疃。可能是对故土怀着一份不可消磨的记忆，孙子李可登又回了西解北耩，回到了祖宗的土地。李可忠的儿子李如楫迁到了大山后。他们中有些人不满足于现有的状况，依然想往外迁，去看看更广阔的天地，所以，李如楫的长子李之锦，三个孙子李曰申、李曰肃、李曰贵，迁徙到了林家疃。二儿子李之锽的后代都散居在大后山、新天堡、东解甲庄等地，也有部分又回到西解甲庄的。李如楫的第三个儿子李之铠带着两个儿子李有基、李有塾迁到了海北（泛指渤海以北，包括海参崴、辽东半岛以北）。李可观的儿子李如栋有三个儿子，李如樌有两个儿子，李如桓和李如楫都有三个儿子，李如琏有嗣子李之修，这是长份一脉前七代的情况，因为他们散居在各个地方，年代久远，相关记载不多。李家其余支系，因为篇幅关系，不做介绍。

李氏子孙迁徙有的是因为在外购买了土地，想谋求更好的发展；

有的是随夫人居住在岳父家；另外还有去闯关东的，或者出外经商。原因种种，但他们都是李氏家族的后人，不论天涯海角，他们都不会割断与西解甲庄的血脉联系。

据说，李东鲁的后代，李允绍第十二代孙李惠吉跨越山东半岛，迁徙到了吉林城北白泥河流域，从此与故土只能隔着渤海遥遥相望。面对海浪滔滔，他们无时无刻不在思念自己的家乡，思念自己的血亲。他们多么想知道自己从哪来？属于哪个支系？多么想让自己的后代有根可寻。所以，“文革”期间李惠吉和他的三个儿子李文兴、李文盛、李文隆曾经回到过西解甲庄寻找自己的祖先。可惜当时极左势力泛滥，社会动荡，大家保命都来不及，根本无暇顾及此事。他们只能怀着遗憾回到了吉林，从此失去了联系。

相传，李克绍后裔第十四代李述之咸丰年间被掳走了，之后就杳无音信。若干年后，有一位官员自称原籍是西解甲庄，小时候曾居住在小山前、大山后，现今回到村里寻祖。但是由于年代久远，没有证据，村里人不敢贸然相认，他只能悻悻离开。就是因为当时无任何记载，没有人能够确定他是李氏宗族的后人，所以先祖微不足道的一笔对后世子孙影响很大。

中国人历来重视宗族血脉，那并不仅仅是血缘关系，也是一种传承，一种无法磨灭的记忆和信仰，是无论生死，你都无法逃脱的亲缘和感情。李氏族人非常重视这一点，只要有从村中迁移出去的，都尽量记录在典籍中，以告诫后人不可忘记同族之谊，敦睦提携之情。李氏宗族在西解甲庄这片美丽的土地上传承发展，至今已经繁衍生息 20 余代。

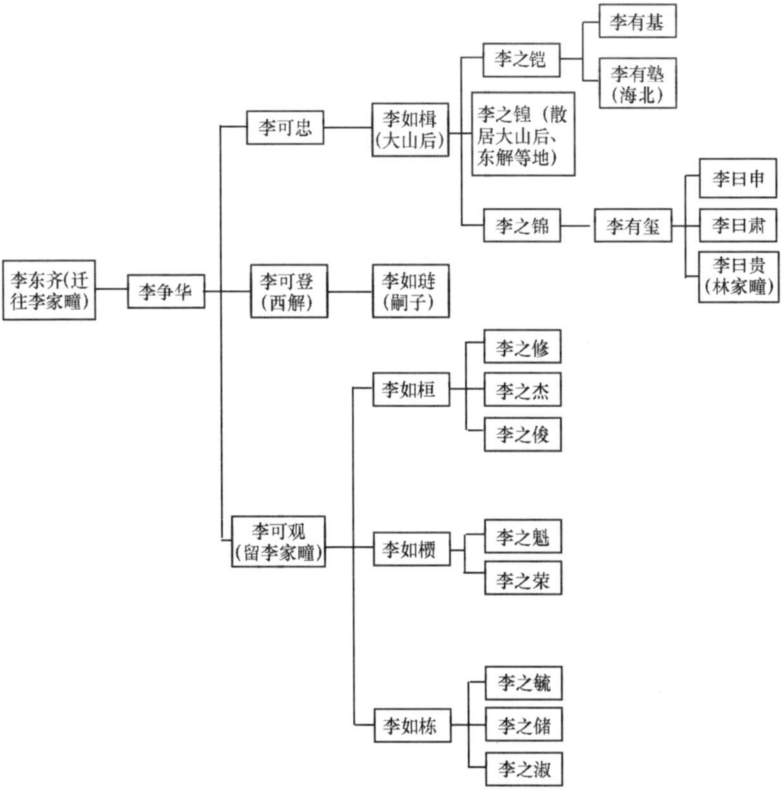

李氏家族长份前七代迁往外地谱系

李氏族谱

族谱，是一种以表谱形式，记载一个以血缘关系为主体的宗族世系繁衍和重要人物事迹的特殊图书体裁。族谱也是一种特殊的文献，就其内容而言，是中国五千年文明史中最具有平民特色的文献，记载的是同宗共祖血缘集团世系人物和事迹等方面情况的历史图籍，属珍贵的人文资料。

2016年岁末，虽然寒风料峭，但却挡不住西解甲庄李氏族人心头燃烧的激情。他们笑逐颜开，奔走相告，原来是要重修李氏族谱了。对于族人来说，这可是头等大事。一时间，各处贤达人士都云集在一起，男女老少也都亲力加盟，箪食壶浆，为续修家谱尽自己的一份力。

李氏宗族原本有族谱，但是后来不幸遗失。三世祖李龙有三个儿子，李东齐、李东鲁、李东周。小儿子李东周没有儿子，只有一个女儿。李东周的女儿回娘家时发现，两位伯父都有自己的儿子奉祀，只有自己的父亲面临无后的局面，而两位伯父家又确实没有多余的儿子过继给自己的父亲奉祀，心里十分恼火，于是就偷偷把家藏的族谱拿走，致使李氏家谱中出现了百年的断代，族谱也从此丢失。清乾隆十年，李氏八世祖李师瀚、李师璠、李师璟三兄弟编写成了西解甲庄李氏家族族谱，传于后世，被奉为瑰宝和不朽杰作，给后来的续修打下了坚实的基础。

族谱续修的目的是为了查漏补缺，把新生代的族人记录进去，供后人更好地使用。据了解，如果没有什么动乱，族谱会30年续修一次，如果赶上社会动荡，可能就要延期。每次续修族谱没有任何报酬，完全出于族人自愿。修撰族谱不仅需要耐心，还要有一定的文化素养，所以续修族谱的大多是家族的文化人。乾隆五十六年，李氏后人第十一代李彭年做了第一次续修。同治元年，上一次续修71年后，第十三代李壬林做了第二次续修。由于正值社会动乱，大家逃命都来不及，也无暇多顾及族谱，但是这次续修加入了手绘的世系图，是一大创新。李壬林发现族谱都是文字记述，不能让人直观地看到宗族的支系脉络，所以他想到用树枝状的世系图来将家族的发展迁移直观地表现出来。同治四年，第十三代李兴賓对族谱进行了第三次续修，纠正了一些错误，对一些不完善的地方进行了补充。光绪三十三年，第十三代李裕祺在距前次续修41年后进行了第四次续修。民国十四年，第十四代李延杰进行了第五次续修。1993年，这次编写族谱有了组织和程序，李氏族人各支派、数代人欢聚一堂，由李振德、李明鑑、李致禄、李和熙、李文宗担任委员会成员，工作人员有李伯仁、李曰义、李丕钦、李国栋、李熙美、李学尧、李滋萼、李虹、李海波、李士枚等，共同联合组成族谱续编委员会，承接先人遗志，兢兢业业，尽心尽力，历时53天完成第六次续修。

李氏族谱至今已经七次续修，其中第四次、第五次、第六次、第七次续修的族谱还保存完好，甚至还保留了手写的部分。每次续修，都是族人汗水和心血的结晶，他们付出大量时间和精力去访问探寻，不论过程多么曲折，不曾有过怨言。他们不求回报，心甘情愿去为家族的延续做出证明。因为他们深知，先祖的生平和事迹应该被记录下来，家族的荣耀需要有人去记录，供后人传承学习，他们对自己的家族有一种深深的使命感和责任感。

族谱，是家族繁衍发展的载体，是家族历史文明的传承。家族的风云变幻、流转迁徙、兴盛衰落，通过一册族谱尽收其中。追根溯源，凝聚血亲。族谱，所承载的不仅是文字的重量，更是那份无形之中的亲缘，纵然天涯海角，代远宗长，同宗同族永远被一本族谱紧紧相连。

附：2016年第七次重修李氏族谱第十八世孙李玉平撰写的谱序

公元二零一六丙申岁末，恰于丰年瑞祥时节，政通人和，百废俱兴，有族人明嵩者首倡续修李氏族谱。善举感天，阖族共襄。一时贤达云集，宿耄加盟。谨承伯仁、盛美、明鑑、铭义领衔，崇宁、培河、全胜、美麒、曰江、敏仲、克敏、培德、培俊、庆续、冬青、春晓、兴俊等诸君协力襄助。玉平、寿魁虽只充烹茶洒扫之役，焉躬逢其盛，亦何其荣也。惟殚精竭虑，勠力以辅，佐修李氏家族之旷世盛典。毓承祖宗荫德而布流后世，责无旁贷焉。

昔者，轩辕黄帝之嫡裔皋陶氏理官而氏、利贞氏指李而姓，始为李氏始祖。其后代繁衍九州，德播四海。迭立圣朝，宰统华夏。圣师李耳，教化万古；太宗世民，贞观大治，是为千古一帝；猛将李广，威镇四夷；谪仙李白，文冠今古。李氏一脉，恢宏独立，磅礴于世。人才辈出，豪杰如云。傲立于世界民族之林，天下望瞻！屹五千年而不朽者。

明初，有我李氏远祖成公者，自山西小云南迁徙宁海州，传数代后，散居于城内各地，分东门里、西门里等支系。明嘉靖年间，我祖松公自宁海州西门里徙居西解甲庄，历五百年，衍二十余世。虽居半岛一隅，然声播四海，光耀华夏。朝有股肱重臣，乡有贤良黎庶。耕读传家，蔚然大成。四方敬仰，为一方望族。风云际会，朝代更迭。明、清、民国乃至中华人民共和国，迭有贤臣。族人之为官者，灿若星辰，无一人而受贪腐之咎。清廉与正气乃家族永葆之节操，令人仰视而不可亵渎分毫！

而今，西解甲庄李氏家族子息昌祚，枝繁叶茂，既生息于本村亦有迁徙于东解、繁荣庄、西关、李家疃、大山后、林家疃、新天堡、常留庄、高陵、北沙子、结子沟、周家沟、阎家、邹家、威海西钦、吉林城北白泥河等数村。更有散居宇内各省或侨居海外者。盛世之年，族人千万里域外回乡寻根寻祖者络绎不绝，睹谱牒其父祖名讳，潸然泪下，感人心切。惜仍有宗亲多人，数代失联，致宗亲相逢而不相识者频仍，路同途而不知为兄弟者常有。然，血脉相连，亲情仍炽，祖宗遗爱渊源不朽也。故重新续修李氏族谱。叙本系、述始封，别亲疏，籍典陈史，以敦睦同族之谊。盖同气连枝者而愈茂昌硕壮。树高千尺者亦可叶落归根，万里域外而知有亲，敬远祖而天涯有孝。凭族谱而他乡识宗亲而互助勖勉，鉴族谱而知亲情友爱。诚如斯，夫祖宗之余荫而庇佑天下者，源远流长，亘古不息也。

勋柄千古功昭日月黎庶百姓俱沐恩，德播四方沛泽古今子孙后世皆承荣。

公元二零一六年岁次穀旦松公第十八世孙玉平沐浴焚香拜撰

附：李氏家族世系图（部分）：李氏家族前七代支系脉络

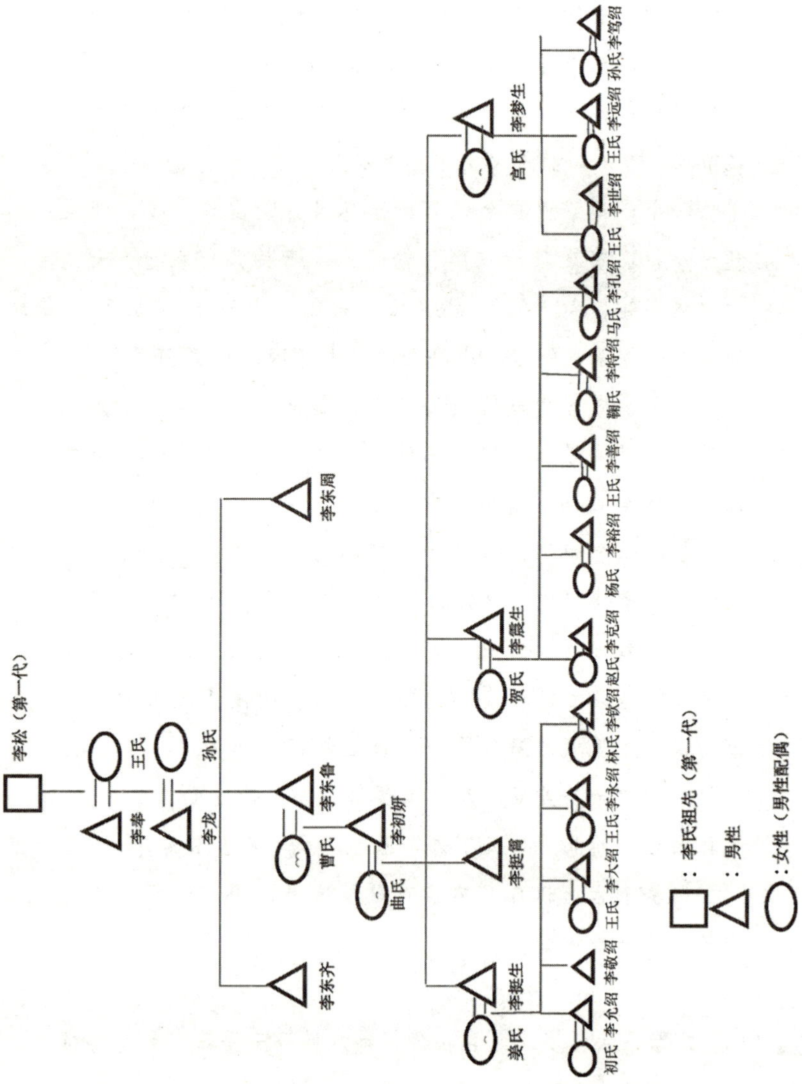

李氏族谱（1）

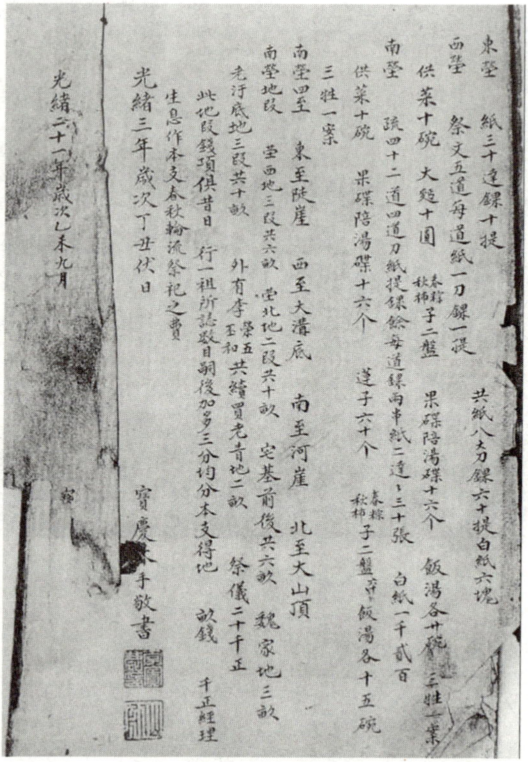
東塋　紙三十道錁十提　共紙八大刀錁六十提白紙六塊
西塋　祭文五道每道紙一刀錁一提
供菜十碗　大飪十圓　春糕秋柿子二盤　果碟陪湯碟十六个　飯湯各廿碗　三牲一案
南塋　疏四十二道四道刀紙提錁餘每道錁兩串紙二道〻三十張　白紙一千貳百
供菜十碗　果碟陪湯碟十六个　蓮子六十个　春糕秋柿子二盤　飯湯各十五碗
三牲一案
南塋四至　東至陡崖　西至大漕底　南至河崖　北至大山頂
南塋地段　塋西地三段共六畝　塋北地二段共十畝　宅基前後共六畝　魏家地三畝
老汙底地三段共十畝　外有李榮五玉和共續買老青地二畝　祭儀二十千五
此地段錢項俱昔日　行一祖所認數目嗣後加多三分均分本支得地　畝錢　千五經理
生息作本支春秋輪流祭祀之費
光緒三年歲次丁丑伏日　寶慶　手敬書
光緒二十一年歲次乙未九月

李氏族谱（2）

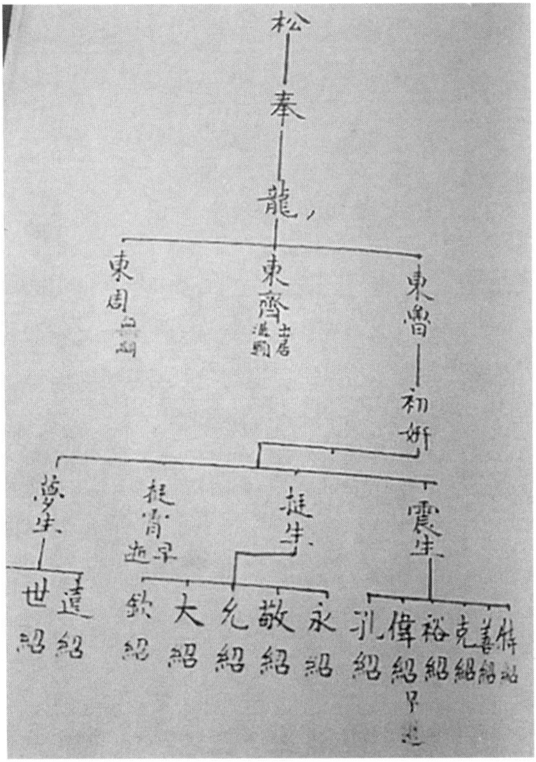

李氏族谱世系表

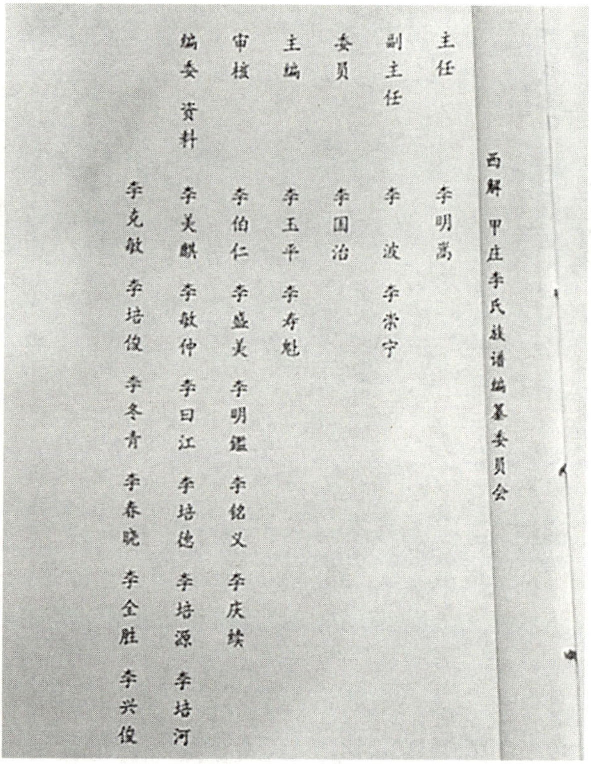

西解甲庄李氏族谱编纂委员会

主任 李明嵩

副主任 李波 李崇宁

委员 李国治

主编 李玉平 李寿魁

审核 李伯仁 李盛美 李明鑑 李铭义 李庆续

编委资料 李美麒 李敬仲 李曰江 李培德 李培源 李培河

李克敏 李培俊 李冬青 李春晓 李全胜 李兴俊

第七次重修编纂委员会名单

李氏祠堂

祠堂又称宗祠、祠室或家庙，这个名称最早出现于汉代，是族人祭祀先祖或先贤的场所。祠堂有多种用途，除了“崇宗祀祖”之外，各房子孙平时办理婚、丧、寿、喜等事时，也会把宽敞的祠堂作为活动之用。另外，族亲们有时为了商议族内的重要事务，也会把祠堂作为会聚场所。

顺着西解甲庄村委前的道路往北走，不远处便有个小胡同，里面静静地躺着一排排凋落的宅院。白色坍圮的高墙上顶着黑色的瓦楞，陈旧的瓦砾上杂草丛生，虽然现在看来破败不堪，但依稀可见当年的繁华。在这一排排屋子的中间，有一座正在修建的祠堂，这便是李氏祠堂。

这座修复的祠堂原是李永绍族孙李九龄故居的客屋，建于清朝嘉庆年间。当年李九龄在北京经商致富，回乡修建了这一大片宅院，整片建筑设计考究，峥嵘轩峻。客屋最早属于李九龄孙子李鄂馥后人，后来家道渐渐没落，他们想要把房子出卖给外人。为了留住这笔宝贵的财富，村中李氏族人拿出良田 40 亩交换，后来把其作为家族祠堂。

春节祭祖（老百姓也叫供养）是祠堂最重要的活动。每年除夕前几日，李氏族人就开始仔细打扫、装点祠堂、清除灰尘、张贴画符、挂起各色灯笼。祠堂里外到处都是非常精美的宫灯，有木灯、纸灯、可折叠纱灯，还有那个年代很少见到的玻璃宫灯。除夕夜开始摆放供品，果蔬、菜肴、鱼肉、三牲等，杯盘罗列，满满当当。李氏长者摆好金漆神龛，请出李龙、李初妍、李挺生等先祖们的十二张画像，恭敬地高高挂起。祭祀供品由家族中十三支按年轮值，每一支到轮值的年份，祭田地的庄稼由他们收，公墓里面的柴草由他们去割。

三十晚上，祠堂里香烛通明，人头攒动。子夜时分，祭祀开始，仪式由族中尊长主持。鞭炮齐鸣，焚烧纸钱。隆隆的鞭炮声后，尊长奠酒焚香，朗诵祭文，讲述祖先的丰功伟绩，希望子孙们能将优良的家风传承下去。尊长把酒盅高高举过头顶，先拜天老爷，再拜灶王爷，再拜祖宗。拜完之后，全族人都要在地上磕头。辈分大的在前面，辈分小的在后面。磕头也有讲究，磕头时身子必须是直的，接连磕头三个，磕完头祭祖才算完成。

凡是属于西解甲庄李氏家族的男性后代，包括东解甲庄、李家疃、大山后、繁荣庄、林家疃、新天堡、结子沟、周家沟等村的李姓后人，都齐聚在李家祠堂大院里面，按辈排班，恭行三拜九叩大礼，祭祀祖先，表达孝心，祈福求愿。

村民李学圣（1937 年生）给我们回忆了当年祭祖的情形："祠堂正面的两个金柱上挂着当年的大宗谱，后面放着一个隔段。宗谱很大，据说，当年放宗谱的大盒子拆了之后做了六张现在用的桌子面。宗谱下面放着一张红色大条几，长约 3 米，高约 1 米，宽 70～80 厘米，是由黑乌木（也有人说是铁梨木）做成。质地坚硬，非常结实、耐用，条几下面的撑木处还雕刻着精美的花纹。条几上面摆放着祖宗牌位，前面放着一张红色八仙桌，上面摆放着供品，有碗筷盘碟，五个枣的大饽饽。饽饽还要摆成三角状，再摆三个斟上酒的酒盅，还有各种肉菜和香炉。条几两边各放置一个高 1 米的大花瓶，瓶中左边插着竹子右边插着松枝，喻义四季常青。左右两边墙上挂着先祖们十二张画像，场面又热闹又壮观。"

1963 年，村庄粮食大丰收，村民们都很高兴，提议祭拜老祖宗，所以李氏家族进行了一次大规模的祭祀，由十三代尊长李宗礼主持。这也是李氏子孙记忆中最后一次祭祀。

祠堂后来曾被用作学校，学校搬走了后又陆续它用，屋脊上的螭吻和走兽在“文革”时期被破坏，门窗后来也被人为全部毁坏。时光流逝，这座设计精美的建筑在时代变幻中早已破败不堪，令人唏嘘。

宗祠祭典代表着汉族祖先信仰的优秀文化形式，宗族观念在人们的头脑里根深蒂固，修缮祠堂不仅是对中国历史遗迹的补救，而且也是对家族祖先长辈的缅怀和尊敬。近年来，西解甲庄的李氏子孙一直在为祠堂的修复奔波，在多方努力下，2017 年，李氏祠堂终于得到初步修缮。

修缮后的祠堂青砖黑瓦，四角青砖砌到枋额下，与盘檐相接，六层冰盘檐经过仔细打磨，棱角圆滑，显得浑厚壮美。屋面用小黑瓦鳞铺，每排阳瓦下端均铺一面带花纹的勾檐，有固定房瓦的作用。迈入祠堂暗红色的花格木门，首先看到祠堂的单檐五楹七架结构。四个汉白玉质的方圆双层石础，托起四根黑漆檐柱，将正脸分隔成五间等高的单元格局。每间单元格局，均是木质结构，与檐柱紧紧相连。大厅进深约两丈，厅堂内挺立八根顶梁金柱，金柱下端嵌在方形石础内，上端与朱漆架梁穿插相接。梁柱夹角安嵌镂空草龙雀替，雀替也上了朱漆，既可加固梁柱，又同时具有装饰作用。梁架排列严谨，设计豪迈大气，最下面的五架梁粗大浑厚，足有一搂粗，三架梁稍细略短。三架和五架梁之间雕刻“李”（变体为寿字）字图案，可谓匠心独运。大厅东端有一间宽仅 5 尺的储藏室。祠堂后门宽 6 尺左右，后墙里埋设四根檐柱，与前脸四根檐柱南北相对，后面墙体上设置四扇对开窗户。祠堂无论在整体布局、细节设计，还是在装饰点缀、花纹雕刻上均别具一格，在胶东地区都是极为罕见的，充分显示出西解甲庄村民非凡的勤劳和智慧。

祠堂记录着家族的辉煌与传统，更是中国五千年文明历史文化的延伸。祠堂作为一个家族的象征，其含义与意义非常深远，它不仅是一座宅邸，也是家族承前启后、继往开来重要的精神遗产和精神基础。西解村的李氏祠堂正在加紧修复建设中，李氏子孙希望能够再像以前一样，族人们齐聚祠堂祭祀祖先，承接先人遗志，共创美好未来。

祠堂梁架

祠堂梁架“人”字叉手

祠堂如意穿插坊

架梁上的李壽变体字

祠堂旧貌

李家祖茔

“田、园、庐、墓”是乡村聚落的基本形态。人，来自自然，死后也重新回归到大自然。中国人历来不仅重视生的过程，也同样重视死后的栖息之所。所以，祖茔，对一个家族来说具有十分重要的意义。

李氏祖茔共有四处茔地，最主要的有两处。一处在村庄东岭上，村里人称之为“东老茔”，也就是现在的镇政府、老食品站和老医院的方位；另一处在丁家夼的北面，称之为“西老茔”，地处金斗山朝阳的山坡上，遥对着牟平四大名山之一的桂山，素来有“头顶金斗，脚踩金柜”的说法；还有一处就是老虎石，也叫拾钱山，在桂山的阳坡，清代工部尚书李永绍的墓地就在此；第四处是琉璃埠，在村庄西北 3 千米处，新姜庄东，是支系墓地。

东老茔是最早的墓地，当年四世祖李东齐和李东鲁分家的时候，李东齐选择了解家河东岭，李东鲁就得到了西老茔。东老茔是合族的墓地，李氏早期的祖先李松、李奉、李龙都葬在那里。后来，不管是哪一支，故去的人都可以埋葬在那里。西老茔是西解甲庄专属墓地。李永绍第一次埋葬在那儿，很多官员也都埋葬在那里，所以墓地的等级很高。早年，李氏族人买了两户苏姓、徐姓人家看守墓地。他们平常耕种附近田产以做生活之计，并负责清理墓地杂草，祭祀节日协助李氏家族成员前来祭扫。李家则负责供应他们粮食及生活必需品。后来慢慢繁衍发展到一个小村庄，由于地处丁家夼北，所以就叫丁家北夼。

经过了 200 多年的经营，李家西老茔曾经具有了相当的规模。

林中墓冢累累，碑碣林立。墓前享殿高耸，墓间林道幽深。墓地松柏蔽日，柞树参天。据说这儿共埋葬了李东鲁、李初妍等100多位官员，墓碑级别很高，有的墓碑周边雕刻云龙火焰珠纹，底座有赑屃承托，昭示着墓碑主人身份的不凡与高贵。现在西解甲庄民俗博物馆里还有一块龙头碑，石碑比较完整，接近于正方形。碑的正面有一个“双龙戏珠”图案，两条巨龙盘旋在祥云之间，栩栩如生，雕刻得精美细致，表现出石匠的高超技艺。两条龙之间，也就是位于碑帽中轴线处的是龙珠，龙珠下面刻着“圣旨”两字。在碑的背面，雕刻有文字和花纹。据了解，墓碑上出现雕龙图案，一般是与皇封御赐有关。

中国人自古有很强的风水观念，尤其一个家族，人们更倾向于将家族兴衰、个人荣辱与风水联系在一起。关于西老茔，村里一直流传着这样的传说：

郑家把门

当年，在茔地选址的时候，请了一位地理大仙，负责勘察地形。李府做饭的女佣是西泊子郑家的女人。她对地理大仙起居生活照顾得特别周到，大仙非常感激，就悄悄地对郑家女人说：我一定要报答你，你回家把你们家先人的骨灰预备好，到时候必有好处。

在李家老爷带着大仙勘察到丁家北夼的时候。一行人站在金斗山上，看着眼前的地形。见四周群山环抱，金斗朝阳，金桂遥应，一条小河环绕在山前。藏风聚气，朝山秀美，大仙大为感慨：好地方啊！好地方！然后话锋一转，叹了一口气：只是，可惜啊……李家老爷忙问：可惜什么？

地理大仙指着前面道：山前过于空旷，应该居住几户人家，看守坟地。前面山脚地方最好要葬有一个把门的，以维护主坟地，如果能找一个姓郑的最好。李家老爷说，这个好办，我们家做饭的女佣夫家就是姓郑，那就叫她把她家先人的骨灰安葬在那里吧。大仙大喜，赶快把消息告诉了郑家女人。郑家女人立马就回家取来先人的骨灰埋在了山脚的地方，人们素称“郑家把门”。日后，西泊子郑家果然成了一个相当发达的财主。

这个传说代代流传，不仅体现了人们的风水观念，也表达了人们“善有善报”的理念，无形中告诉大家：人，只要心地善良，真诚待人，就会有所回报。

李氏祖茔第二处比较重要的墓地就是老虎石。在林家疃村西，清代工部尚书李永绍和他后代的墓地。从前，像工部尚书这样的高官权贵，一品大员，死后多数是要大摆阔场，风风光光隆重安葬。陪葬的物品也是数量众多，像金银珠宝、翡翠玛瑙、古瓷古玩、镇墓之宝等。然而，因为李永绍为官清廉，葬礼却是既简单又平常的。

传说李永绍过世以后，家里没有足够的钱财为他举行合乎身份的葬礼，草草安葬在西老茔里。三年以后他的孙子陕西庆阳府知府李繇祚将祖父迁葬至桂山阳。据说，挖掘陵墓的时候，李永绍的灵柩已经被芦根包裹。造墓的时候，用糯米汤搅拌石灰密封墓室，所以李永绍的尸体得到很好的保护。

老虎石是一块山清水秀、绿树成荫、藏龙卧虎的风水宝地，李家后人找著名地理大仙勘察墓地周边环境，大仙对墓地周围的山脉走势、水势走向，一一重新勘察，认为确实是一块宝地，只不过是地名不雅观，不太吉利，对后世会有极大的影响。原来墓地后山山脊下，树木丛中，有一块形似老虎的巨大岩石。下山的老虎，饥渴觅食，虎视眈眈，时刻是要吃人的。大仙认为这个地名不吉祥，所以建议更改地名。他再三强调，到时更改名称要不惜代价，大量撒钱，广造声势，到时围观的人必然不少，大家纷纷上前拾钱，那么，这个地名自然而然就改叫作拾钱山吧。

尚书后人遵照风水大仙的安排，选定良辰吉日，在老虎石焚香烧纸，祈天许愿，三拜九叩，祭祀祖先。并按照大仙的安排，敲鼓吹喇叭，燃放鞭炮，广撒钱币，寓意财运亨通，财宝无限，前（钱）途无限。周边村庄来看热闹的村民百姓，大人小孩里三层外三层，场面非常隆重热闹。孩子们见钱币飞舞，满地皆是，纷纷争拾。从此以后，这个山脉有了一个响当当的新名字——“拾钱山。”

但风水大仙却没有预料到会有那么一段艰难的历史。“文化大革命”时期，红卫兵以“破四旧、立四新”为名上山掘墓。因墓表用三合土墁就，厚达 3 尺非常坚硬。林家疃红卫兵用镐镢等工具都无法撬开墓地，于是用炸药爆破，墓穴被打开。外椁也很难撬动，又用炸药爆破。内棺浮于水中，水呈红褐色。尸体被挖出来，尚书面目如旧，依然安详。衣服都没腐烂。身旁放朝珠一串，诗稿手稿一卷（也有人说没有诗稿），牙盒一个，顶子一个，没有发现贵重陪葬物品。风一吹，尚书身上衣物都渐渐破碎了。红卫兵将尸首挖出来进行了破坏，然后抛弃在了荒野。过了好几天，李永绍第十七代后人李铭义偷偷去把尸首草草埋葬。

这是一段令人不堪回首的历史。但正如诗人食指在诗歌《相信未来》中所写：我之所以坚定地相信未来/是我相信未来人们的眼睛/她有拨开历史风尘的睫毛/她有看透岁月篇章的瞳孔……历史的发展是曲折艰难的，但人类有自身修正错误、走向光明的能力。三十多年后的今天，尚书府在很多人的共同努力下终于重建，后人永远铭记着这位正直仁义、一心为民、为官清廉和才华横溢的好尚书。

四处李氏祖茔现在都已经被夷为平地了。它们消失有这么几个原因：一是土改时期，看守西老茔的苏姓、徐姓人家已经成了土地的主人，连土地带茔地都成了他们的财产；二是1958年“大跃进”时期，全国上下大炼钢铁，建小高炉挖砖，把祖坟都给挖掘了；三是“文革”时期，红卫兵拆碑毁坟，对坟茔进行了疯狂的破坏；四是大约20世纪70年代，为了提高粮食产量，当时提出了不允许死人跟活人争地的口号，很多坟茔也被夷为田地。入土为安！死者安息！这看似简单的愿望却也如此难实现，这虽不是沧海桑田巨变，但也让人无限感慨唏嘘。

四处祖茔虽已被历史湮没，现在几无痕迹，但每个先祖都活在历史族谱中，活在李氏后人的心中。每年春节、清明节、阴历十一等节日，李氏子孙都要去坟茔祭奠祖先。他们摆上酒菜，上香烧纸表达对先祖的无限孝敬和思念之情。西解村有每年正月十五傍晚到坟茔去送灯的习俗，以前的灯用纸糊的，现在用电灯，一盏盏灯火在风中摇曳，照亮地下未知的世界，也照亮了子孙们继续前行的路。

老虎石

三、耕读传家

登 科 匾

2016年10月15日下午，西解甲庄李玉平（1957年生）在村民李广斌（1961年生）家东厢房里扒拉出来一个旧风匣，它看上去与其他风匣似乎没有什么区别，但确实是个宝贝，它是由一块旧时的登科匾拆了之后做成的风匣。

经过对风匣几块木板简单翻转拼凑，很快上面清晰地显示着阴刻的“登科”以及“一级翁同龢爲”的字样。“登科”二字是横体楷书，字很大。“一级翁同龢爲”是小体竖体楷书。风匣虽尘垢满面，颜色脱落，但“登科”二字的气势还是令人为之一振，翁同龢名字的出现更是令人喜出望外。

李广斌介绍，这个风匣是1985年他结婚那年，他们家分家时分给他的，风匣一直用到2008年左右，后改用电风鼓子，当时就随手把木风匣子扔进了东厢房杂物房里，再也没管它。他说，真庆幸当时没把它扔进灶膛里当柴火烧了。

李广斌的姐姐李淑娥（1943年生），依然记得小时候登科匾一直挂在他们家大门，也就是她的父亲李培钦（1926—2016）家的院门门框上方。登科匾四边有边框，约有150厘米长，80厘米宽，木板很厚实，匾正面底色是深红色，“登科”二字及匾边上小字的底色一律是蓝色，鎏金后黄色。她说“文革”的时候，他们家就把登科匾摘下来了，没舍得把它砸毁，而是利用匾的板材做了一个锅盖和一个风匣。锅盖早已不知去向，风匣躺在杂物房里幸存下来。

据李玉平介绍，这块匾是李培钦的老太爷李盛源，在光绪乙酉年（1885年）参加顺天府（北京地区的行政区划，管辖着大兴县、宛平县、通州、涿州等24个州县）乡试，考取了举人而得。李氏十三代李盛源，身为山东人为什么会到顺天府参加乡试呢？李玉平说，这里还有个故事：李盛源年少聪颖，豪爽不羁。院试一考，轻取秀才之名。不料乡试一科，竟空手而归。李盛源的父亲大为疑惑，忙令他取卷阅览，阅毕，感到很吃惊：“这样的试卷考不取，还有天理吗?”并诘问原委，于是李盛源说出了实情。原来他同情一落魄考生，替他答了试卷。结果李盛源遭到了父亲狠狠的责骂，他一气之下就离开了家。李盛源游走到顺天府，巧遇一位家财万贯的财主，这个财主正苦于无任何功名光宗耀祖，于是花重金请李盛源做他3个儿子的老师。李盛源盛情难却，决定专心教授学生3年。到光绪乙酉年（1885年）顺天府乡试，李盛源率领3位考生一同应考，结果师生4人均得高中。所以，李盛源回乡之时，有人戏称他为四举人。李盛源后任东昌府教谕，例授修职郎。

西解甲庄读书人应举入仕何止李盛源一人，自李氏家族第三代龙公做了明朝的官员开始至清光绪帝废除科举制度止，历代科举不绝。有父子同科折桂的佳话，有祖孙同僚的荣耀，有兄弟联袂出仕的辉煌。许多曾经扶耒把锄的农夫转而手握柄权信印走进了州府县衙乃至工部的殿堂之上，为国、为民造福一方。仅清朝，李氏家族共考取进士 2 人，举人 11 人，廪生、庠生、贡生、监生、增生、武庠生共 84 人，太学生 64 人。出仕的共 140 人。

李松之孙李龙为李氏家族迁徙到西解甲庄以来出任朝廷官员的第一人，被后世子孙冠以“李氏科举文化的先驱”之名。李龙之孙李初妍，清顺治戊子年他与儿子李挺生（工部尚书李永绍之父）同科考取岁贡。李初妍的 3 个儿子均考取了廪生；他的 13 个孙子，有 10 人分别考取进士、举人、秀才，另 3 人也赐授儒林郎。其中，李永绍，清康熙二十四乙丑年中三甲进士，清雍正二年奉旨升任工部尚书，成为李氏家族的骄傲和后世子孙学习的榜样。李初妍的 27 个曾孙，有 23 人分别考取进士、举人、秀才。李初妍被李氏后人誉为“西解甲庄科举文化的奠基人”。

李玉平的《西解甲庄科举名人考》里有一份长长的名单：李初妍，字完白，顺治戊子岁贡，任青城县训导；李挺生，字生生，号蔚霞，顺治戊子拔贡，任贵州威宁通判，改补云南姚安通判；李震生，字淇生，庠生；李允绍，庠生，例赠武信郎，沂州营千总；李栋，字梁若，武庠生，补授登州镇中营左司把总，升授沂州营千总侯推守备；李万清，武庠生……这份名单的人数多达 233 人。

如今，封建科举制度早已被废除，昔日在举人宅院门楼上悬挂的登科匾也不见踪影，但是，令李氏族人骄傲的往日辉煌将永远载入史册。

李丕钦悬挂登科匾的住宅

附：西解甲庄科举名人考

1. 李松：处士。

2. 李龙：明兵火之余，木主失落，神像仅存，乌纱圆领而爵秩无考。

3. 李东鲁：字沂泉。前明处士，例赠光禄大夫、工部尚书。

4. 李初妍，字完白。顺治戊子岁贡，任青城县训导。诰赠通奉大夫、户部左侍郎；累赠通奉大夫、盛京工部侍郎；例赠光禄大夫、工部尚书。

5. 李挺生：字生生、号蔚霞。顺治戊子拔贡，任贵州威宁通判，改补云南姚安通判。诰赠通奉大夫、户部左侍郎；累赠通奉大夫、盛京工部侍郎；例赠光禄大夫、工部尚书。

6. 李震生：字淇生。庠生。敕赠文林郎，沂州府教授。

7. 李梦生：字兆三。增生。嗜好草书，好诗词。例赠职佐郎、东昌府冠县训导。

8. 李允绍：庠生。例赠武信郎，沂州营千总。

9. 李栋：字梁若。武庠生。补授登州镇中营左司把总，升授沂州营千总侯推守备。敕授武信郎。

10. 李忻：太学生。

11. 李万清：武庠生。

12. 李敬绍：例赠文林郎。山西崞县知县。正七品初授承事郎，升授文林郎。

13. 李师琦：字同范。康熙辛卯举人。任山西代州崞县知县。例授文林郎。

14. 李胜蘭：字芳箬。乡饮耆宾。

15. 李大绍：字靖侯。武庠生。

16. 李师爕：副监。

17. 李师瀚：字浩澜。太学生。候选州判。

18. 李錞：字和夫。武庠生。

19. 李锡祚：字纯瑕。武庠生。

20. 李瑞：字祥云。太学生。

21. 李企竑：字儀南。庠生。

22. 李永绍：字绳其，号省庵，晚号痴愚老人。康熙二十三年甲子举人，康熙二十四年乙丑进士。任浙江湖州府乌程县知县，刑部贵州司主事，江南道监察御史，陕西道监察御史，山东道监察御史，管鼓厅事务，山西道监察御史，戊子顺天乡试正考官，浙江道监察御史，京畿道监察御史，光禄寺少卿，鸿胪寺正卿，都察院左佥都御史，太常寺正卿，宗人府府丞，户部右侍郎，户部左侍郎，盛京工部侍郎，光禄大夫，工部尚书。

23. 李师泌：字宾友，号山农。康熙戊子举人，候补郎中。例授奉政大夫。

24. 李师沆：字燭封，号景崖。康熙辛卯武举人，癸巳武进士。候补守备。诰封奉政大夫，江南松江府同知。例封中宪大夫，陕西庆阳知府。

25. 李师潜：庠生。

26. 李广祚：字心士，号德圜。康熙辛卯副贡，甲午举人。候选知县。敕赠修职郎，曹州府训导。

27. 李承祚：字鹤田。二品阴生，候补主事。例授承德郎。

28. 李显祚：字汉尊。庠生。

29. 李繇祚：字伯士，号太学生，初任广西桂林府通判，升授江南松江府同知，又升授陕西庆阳府知府。诰授奉政大夫，晋授中宪大夫。

30. 李申祚：字雪谷。太学生。工诗词。

31. 李缵祚：太学优生。入国子监。敕赠文林郎。

32. 李佑祚：字季昂。太学生。

33. 李传祚：字守亭。太学生。

34. 李继祚：字修吉。副贡。

35. 李確：字果亭。例赐赠文林郎，诗礼堂启事。

36. 李硕：字石楼。廪贡。任曹州濮州训导。例授修职郎。

37. 李嘉：字享会。庠生。

38. 李芑：字自明。太学生。

39. 李臚：字殿传。太学生。

40. 李英：字爽林。太学生。

41. 李琨：瑶圃。岁贡。

42. 李磐：字玉林。太学生。

43. 李鹗：字秋雯。增生。

44. 李珠：字怀珍。监生。

45. 李燾：太学生。

46. 李企昌：字文民。号昌后。太学生。

47. 李企契：字明伦，号敷宽。庠生。例赠文林郎，诗礼堂启事。

48. 李彭年：字述古，增生。

49. 李鹤年：原名企望，字子和。庠生。

50. 李岳年：原名椿年，字所瞻。郡庠生。

51. 李企夔：字鹤唐。庠生。岁试冠军。

52. 李企牧：字监九。太学生。

53. 李企方：字应矩。号荏峯。太学生。

54. 李企正：字经以。太学生，乡飲耆宾。

55. 李企适：字周士。太学生。

56. 李孚格：字信以。乡饮耆宾。

57. 李普格：字行一。乡饮耆宾。

58. 李诚格：字丕和。诗礼堂启事，例授文林郎。

59. 李寿谦：字伪吉。寿官。

60. 李寿藏：字德贞，乡饮耆宾。

61. 李敏：原名清植。廪生。

62. 李钟奇：字芬如，号问亭。太学生。

63. 李钟汉：字银浦，号菊溪亦号花田老农。庠生。

64. 李兴门：州志载：咸丰辛酉殉难。

65. 李兴邦：字彦兮，号松岩。从九品。

66. 李兴般：字万芳，号橘圃。考取方略馆供事，承办军机汉档。告成，奉旨选用候选巡检，儀叙七品衔。

67. 李兴宾：榜名登甲，字兴堂，号如泉亦号惠轩。副贡。

68. 李壬俊：字用章。九品衔。

69. 李壬秀：字书升。号蔚堂。岁贡。

70. 李玫：字佩之，九品衔。

71. 李琬：字在序，号淇園。副贡。

72. 李献：字敬庵。九品衔。

73. 李珍：字芸轩。庠生。

74. 李詔：字蓝田。号玉山。庠生。

75. 李法玥：字讓亭，号云樵亦号鑾坡。国学生。承德府庠生，候选训导。

76. 李玉山：庠生。

77. 李少白：国学生。候选训导。

78. 李维诰：方略馆供事。广东潮阳巡检。

79. 李宾庆：字韫璞。邑增生。

80. 李铨庆：字衡甫。庠生。

81. 李本琅：字景秋。算学生。

82. 李本焠：字云舫。庠生。

83. 李翼然：字云亭。宣讲生。

84. 李翘然：字翰云。增生。

85. 李钦绍：太学生：候选州同。

86. 李延祚：字振趾，号菊園。太学生，候选州同，例授登仕郎。

87. 李山：庠生。

88. 李安澜：太学生。

89. 李企傅：字良弼。乡饮耆宾。

90. 李企绅：字书思。郡庠生。

91. 李企元：恩荣九品。

92. 李企程：字衡章。恩荣八品。

93. 李潾：号莲浦。增生。

94. 李江：字文蔚。太学生。

95. 李泽：增生。字润甫，号云石。敕赠修职郎，聊城教谕。

96. 李杰：字絜齋。庠生。

97. 李逢源：字泳泉。九品，例授登仕佐郎。

98. 李思源：字纯一。九品，例授登仕佐郎。诰封武德佐骑尉。

99. 李振源：乡饮耆宾。

100. 李智源：太学生。

101. 李巨源：乡饮耆宾。

102. 李復源：字修亭。八品衔。

103. 李盛源：号瀛海。光绪乙酉顺天举人。任东昌府教谕。例授修职郎。

104. 李佶：候选守御所千总。诰授武德佐骑尉。

105. 李侃行：太学生。

106. 李佺：字尧仙。太学生。

107. 李儀：字隸堂。国子监天文生。

108. 李佑：字钦之。国子监天文生。

109. 李鸿恩：字惠卿。布政司经历。

110. 李鸿宾：字澜亭。武庠生。

111. 李裕光：庠生，清邮传部主事。

112. 李克绍：字兴候。庠生。

113. 李师琰：字琢璞。贡生。

114. 李恒祚：字坤升。太学生。敕赠修职郎。

115. 李襄：字跂漢。乾隆辛卯举人。任沂州费县训导。例授修职郎。

116. 李亮：字耕南。郡庠生。

117. 李庚：字启明。太学生。

118. 李正燦：字星若。太学生。例赠文林郎，诗礼堂启事。

119. 李暄：字景肪。号蘭溪。岁贡。

120. 李光绶：字芳青。太医院吏目。

121. 李光组：字景柔。诗礼堂启事。诰赠武德骑尉。

122. 李光绩：字敬斋。从九品，例授登仕佐郎。

123. 李光素：字伯英，号心农亦号梅岑。咸丰壬子举人，候选知县，例授文林郎。

124. 李光系：字仲衍，号硕園。增贡。

125. 李光彝：字季常。增生。

126. 李奎斌：原名瑞鷺。太学生，承袭云骑尉。诰封武德骑尉。

127. 李前瑀：字锡虞，号莲塘。天文生。

128. 李前壁：字玉堂。太学生。

129. 李前球：太学生。

130. 李前琥：字西清。承德府滦平县庠生。

131. 李道裕：字书田。九品。

132. 李述古：字芸香。庠生。

133. 李厚裕：字宽敷。庠生。

134. 李裕绍：字谦益。郡庠生。

135. 李师璟：字方宋，号定斋。庠生。

136. 李凝祚：字良起。庠生。

137. 李庆祚：字云斓。庠生。

138. 李衣闻：字盛音。庠生。

139. 李善绍：字协一。武庠生。

140. 李竝：字競爽。邑庠生。

141. 李特绍：字峯青。例赠修职郎，博平县训导。

142. 李师琯：原名琳，字寸瑶，号房陵。乾隆丁卯科乡试亚元。拣选知县，借补东昌府博平县训导。例授修职郎。

143. 李师璞：原名玢，字山辉，号双巖。太学生。

144. 李熙祚：字辑学。太学生。

145. 李钦祚：字宇敷。太学生。

146. 李祚：字子良。庠生。

147. 李肇祚：九品，字庆五。寿官。

148. 李淑宇。乡饮耆宾。

149. 李淑庚：一名廷弼，字辅臣。以军功由外委升把总，赏戴蓝翎旋升千总，同治十二年蒙四川将军魁总督吴保奏尽先前守备，又蒙总督保奏尽先前补用督司，赏戴花翎，归山东抚标补用。

150. 李彦俊：字伴傑。太学生。

151. 李彦秀：太学生。

152. 李彦益：从九品。

153. 李彦升：字旭日。太学生。诰赠奉直大夫。

154. 李宗鑑：布政司理问加二级。诰授奉直大夫。

155. 李孔绍：字仰圣。敕赠修职郎，济阳县教谕晋沂州府教授。

156. 李师璠：原名璜，字瑟若，号崑岩。庠生。

157. 李师琇：字瑩斯，号蕴圃。乾隆乙酉副贡，任济阳县教谕，升任沂州府教授。敕授文林郎。

158. 李因祚：字天篤。乾隆乙酉拔贡，例授文林郎。

159. 李丕祚：字弼我。岁贡。

160. 李丰祚：字艺齋。庠生。

161. 李文馥：字州牧。增生。

162. 李怀馨：字蘭亭。庠生。

163. 李昶：太学生。

164. 李万春：字寿南，号菊泉。庠生。

165. 李照临。乡饮耆宾。

166. 李大临。字毓光。太学生。

167. 李世田：字心耕，号倬卿。副贡。

168. 李世绍：字增公。岁贡。任东昌府冠县训导。例授修职佐郎。

169. 李师伋：字景唐，号思若，一号醒翁。庠生。

170. 李师偓：字景韩。廪生。

171. 李隆祚：太学生。

172. 李焕文：字明轩。太学生。

173. 李耀文：乡饮耆宾。

174. 李炜文：乡饮耆宾。

175. 李鳳翔：字集廷。乡饮耆宾。

176. 李鳳翰：字儀堂，号晓巖。乡饮耆宾。

177. 李汝贤：字让先。宣讲生。

178. 李汝宪：字德臣。宣讲生。

179. 李汝云：字缦卿。宣讲生。

180. 李远绍：太学生。考授县丞。

181. 李师芳：太学生。任山西介休县典史升湖北黄州经历。敕授修职郎。

182. 李泰祚：太学生。

183. 李鼎祚：字燮元。太学生。

184. 李晋祚：字介甫。乡饮耆宾。

185. 李笃绍：字玉衡。庠生。例赠文林郎，云南南宁县知县。

186. 李师宾：字觀五。贡生。云南曲靖府南宁县知县，例授文林郎。

187. 李师纲：字陇西，号立古。雍正壬子举人，拣选知县。例授文林郎。

188. 李师贤：字鉴古。太学生。考授县丞职，例授修职郎。

189. 李奎祚：原名琨，字娄次，号成轩。乾隆丙子举人。候选知县，例授文林郎。

190. 李甫祚：字新柏。太学生。

191. 李萃祚：字超伦。太学生。

192. 李钰：庠生。

193. 李賔：字有�。太学生。

194. 李蒉：字淇竹。太学生。乡饮耆宾。

195. 李符：字符瑞。乡饮耆宾。

196. 李钧：敕赠昭武都尉。

197. 李桂龄：字丹庭。太学生。

198. 李含春：太学生。

199. 李含苾：字香畹，号卢峯。贡生。敕赠文林郎，新城县教谕。

200. 李含光：字方熙，号若时。庠生。

201. 李岳龄：字见远。敕赠儒林郎。

202. 李九龄：字见周。太学生。诰封朝议大夫。昭武都尉。

203. 李中英：太学生，文林郎，新城县教谕。

204. 李中芬：太学生。

205. 李中俊：字均平。太学生。

206. 李中哲：字成本。乡饮耆宾。

207. 李中文：乡饮耆宾。

208. 李邁：太学生，乡饮耆宾，例赠修职郎。

209. 李逡：敕封儒林郎。

210. 李遴：恩荣六品衔。

211. 李运：恩荣六品衔。

212. 李达：字希赐。太学生。诰赠朝议大夫加运通衔。

213. 李骏声：候选都司。诰授武都尉。

214. 李遵：字汝滨。候选直隶州知州花翎加运同衔。诰授朝议大夫。

215. 李珍青：例授登仕郎。

216. 李德祺：字履夫，号肯堂。诗礼堂启事。例授文林郎。

217. 李毓锟：光绪乙卯举人。乙丑会试补中大挑二等，任济南府新城县教谕。兼训导。例授文林郎。

218. 李毓华：军功六品。

219. 李毓湘：算学生。

220. 李毓祯：字钧堂。武庠生。

221. 李永琪：字绥民，号鹤轩。从九品。

222. 李元益：恩荣八品衔。

223. 李元穆：军功六品衔。

224. 李庆云：字书五，号瑞堂。光绪八年恩贡候选训导，例授职佐郎。

225. 李庆霖：字雨人。由增贡生考取八旗汉教习补镶红旗汉教习。期满引见奉旨以训导归本班前补用两署临邑训导。

226. 李庆霈：字蘅州。考取内阁事实录馆，议叙典史。钦加六品衔选授广西岑溪县典史。例授儒林郎。

227. 李萼馥：字梅村。候选同知，加运同衔，诰授朝议大夫。

228. 李萼馡：字莲溪，号香山。例贡生。修职郎。

229. 李萼馨：字芝庭。从九品。

230. 李萼槟：字蓉村，号守朴。太学生。

231. 李芹溪：字芹溪，号採泮。太学生。

232. 李元英：字韫齋。太学生。

233. 李建瀛：字仙洲。增生。

234. 李植湘：字竹云。方略馆议叙。

235. 李滋湘：字雨帆。方略馆议叙。

（材料来自李玉平《家族的荣耀》）

诗书继世

“耕读传家”是中国农耕社会传承下来的一种特有的家风，在中国流传甚广，深入民心。耕田可以事稼穑，丰五谷，养家糊口，以立性命；读书可以知诗书，达礼义，修身养性，以立高德。“耕读传家”指的是既学做人，又学谋生。皓首穷经、躬耕垅亩，修身、齐家、治国、平天下，是古代人耕读的理想追求。

苗山脚下，辛安河畔，当李氏先祖辛勤开垦出的大片土地让家人的生活稳定下来以后，他们就不仅仅满足于养家糊口，以立性命了。他们要让后代子孙们饱读诗书，起于阡陌，达于仕宦。他们深知，富贵是过眼烟云，诗书传家以德育人，才能使子孙辈出英才，整个家族绵延不绝，繁荣兴盛。李氏先祖立下了“耕读传家”的祖训，并把之郑重写入族谱。此后，一代代李氏子孙们奋发拼搏，锐意进取，他们耕读传家，在田地辛劳耕作获得了丰厚的物质回报，在开科取士道路上闯出了另一番天地，创造了一个又一个的辉煌。

三世祖李龙，一个地地道道的农民通过自身刻苦攻读，一跃而成为朝廷官员，令世人仰慕。他是李氏家族迁徙到西解甲庄以来出任朝廷官员的第一人，为李氏子孙树立了榜样，也让后世子孙看到了恪守“耕读传家”祖训的美好未来和希望。李龙之孙李初妍，秉承“耕读传家”的祖训，率先垂范，带领三个儿子白天劳作，夜晚苦读，他与儿子李挺生同科考取岁贡。他的 46 个子孙中 36 个科举榜上有名。其孙李永绍，最终升任工部尚书，官至一品，达到李氏家族为官的顶峰。

李初妍给孙子取名“永绍”，就是希望他永远秉承耕读传家的家风，对之期望甚厚。李永绍 5 岁时，李初妍就让他入私塾读书。私塾设在离家 5 里的望杆墩寺中，祖父担心孙子们因为生活优越而不求上进，就让他们往来走读，以劳其筋骨，磨炼其意志。李永绍小时候早出晚归上学，勤勉自律，青年时期辛勤劳作于田间，夜晚则秉烛刻苦研读于案牍。清雍正二年（1724 年）晋升工部尚书。工部尚书，雅称大司空，是古代官职名。工部是古代中央六部（吏、兵、户、礼、刑、工）之一，掌管全国屯田、水利、土木、工程、交通运输、官办工业等，工部尚书为其长。李永绍被授予这个官职，他自小辛勤耕作熟知农业生产或许是原因之一吧。

李玉平《家族的荣耀》中记载了这样一则小故事：

> 丙午雍正四年二月二十四日，是农耕时节的开始。每年的此时，皇帝都要亲率百官到地坛皇家那一亩三分地去躬耕籍田，以示对农业生产的重视。犁具架好了，宽去龙袍的雍正皇帝象征性地扶了一下耒，就交给了诸大臣。其实诸大臣多是锦衣玉食的贵族，根本不懂得犁田，只有李永绍是真正从农田里走出来的官员。虽然届时已经七十七岁高龄，但他依然是精神抖擞，在史侍郎牵牛的帮助下，一口气耕完了籍田。雍正皇帝见状大喜，当即解下耕牛，把它赐给了李永绍。为此，李永绍做了一首诗：“皇王扶耒着龙袍，济济从耕首六曹。纵降纶音分主伯，老臣终亩敢言劳。”

李氏先祖立下了“耕读传家”的祖训，为后代子孙树立了做人的标杆，指明了奋进的方向。“耕读传家”看似简单，其实蕴含着丰富的哲理。他们在农田中顶风冒雨的劳作，无疑会增强体魄，磨炼意志，造就出朴实无华的性格。李氏先祖大都身体健康，比较长寿。五世祖李初妍享寿 62 岁；六世祖李梦生享寿 68 岁，李挺生享寿 90 岁；八世祖李师芳享寿 74 岁；七世祖李永绍享寿 90 岁，77 岁能下地犁田，80 岁高龄还能骑马打猎。他们来于民间，亲自从事过农业劳动，能设身处地感受社会底层人民的现状与诉求，所以日后才能成为一个为百姓谋福祉的好官员。而且，勤勉治家也可以创造出较丰盈的物质条件，让他们不屑于钻营到那些被人们所不齿的官僚贪腐之中去。然后，在宁静的夜晚和农闲时节，他们可以在没有任何精神负担的状态下全身心投入到阅读学习中，修身养性，以立高德。李氏先祖为官后大都廉洁有风，正气浩然，成为百姓拥护的好官。

李初妍天性纯孝，一心为民，身上洋溢着臻于完美的人格光环。他平日自己粗茶淡饭，生活简朴，对乡邻却是异常慷慨。乡亲们家里凡是有婚丧嫁娶贫困而无力自办的，他都解囊热忱资助。他把剩余的粮食都积蓄下来，粮食贩子出再高的价钱，也不卖。尝言“吾宁蓄粟以济人，亦勿卖粟以肥己”。遇到灾荒年，就把家里积蓄的粮食全部拿出来救济灾民。他的儿子李挺生刚直正义，生就了一幅锄霸安良的侠义心肠。一次办事途中，遇到一个被叔伯霸占了财产流落街头的孤儿在哀哀哭泣，乡亲四邻都慑于豪族的淫威，敢怒而不敢言。李挺生不顾身薄力单，孤身一个人带着孩子强闯进豪强门，大义凛然，斥责其卑劣行径，为孩子争回家产。李永绍为官后也深知百姓疾苦，为官清廉，忧国忧民，深受百姓爱戴。

时光流转，“耕读传家”的祖训令人欣慰地在西解甲庄一代代传承。“耕读传家久，诗书继世长”，是中国传统文化的核心要义。在这个时代继续秉承“耕读传家”的祖训显得特别重要，因为它不仅符合当下中国的发展理念，还代表了国人两种生活方式回归的意愿，一个是回归自然和田园，另一个是回归读书和修心。

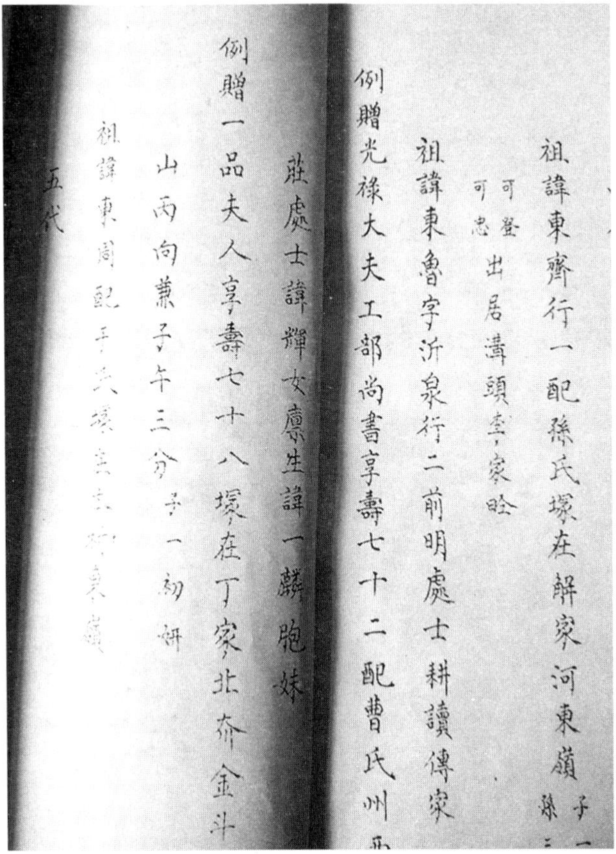
祖諱東齊行一配孫氏塚在解家河東嶺 子一
可登 可忠 出居溝頭李家晗
祖諱東魯字沂泉行二前明處士耕讀傳家
例贈光祿大夫工部尚書享壽七十二配曹氏州
莊處士諱輝女慮生諱一麟胞妹
例贈一品夫人享壽七十八塚在丁家北夼金斗
山丙向兼子午三分 子一 初妍
祖諱東周配于氏塚在[illegible]東嶺
五代

族谱中的耕读传家

李初妍夫人

李挺生夫人

李梦生

李师芳

七星隐魁楼

李氏宗族把崇尚文化、重视教育的追求理念精巧地融入了村落的整体布局中。据老人们讲，村里以前荷花湾的形状像个砚台，老辈们还参照北斗七星的方位布局打下了七眼井，并在魁星井旁边建造了魁星楼。每一眼井如同一个星座，连接每眼井的古巷就像是星座运行的轨道，李氏先祖精巧的布局令人遐想。走在深深的古街巷，你不得不被李氏先人“天人合一”的理念所折服，也为他们对于文化的崇尚和对子孙的深切期望赞叹感动。

荷花湾

在老西解村民的脑海中，旧荷花湾是他们最美好的记忆之一。那儿曾经杨柳依依，池水清澈。粉红色的荷花开放时，幽香阵阵，是许多人儿时的乐园。旧荷花湾位于现在的村供电所院内。荷花湾形状设计得像个聚宝盆，流经村庄的穿心河水汇入荷花湾里，寓意财不外流；又设计得像个砚台，祖辈是希望子孙们出更多的读书人。1984 年以后，有村民在荷花湾淘金，后来又因为修路，荷花湾在 1986 年左右被填上。2015 年，在村委大院东侧重新修建了荷花湾，改建了村里的排水系统并在荷花湾安置了污水处理装置，但荷花湾的水质未达到彻底的根治。如今，荷花湾只有一湾污浊的池水，令人不愿靠近。村民们期盼着能够尽快改变当前有湾无花的现状，荷花湾再次成为充满诗情画意、让人流连忘返的好去处。

七星井

村庄曾经有过七眼古井，分别是魁星楼井、北井、小北井、菜园井、十街口井、油坊井和涩水井，距今已有近200年的历史。

魁星楼井位于村庄原陇西小学旧址西街口，现幼儿园的北面，紧临李玉珍老人（1938年生）现住宅西墙北路口。据村里老人回忆，魁星楼井过去是当之无愧的井王。它是约70厘米的方形井，无井盖、辘轳。井水很甜，非常适合用来泡茶和做豆腐。老人们当年上学放学在此经过常常舀井水来解渴。李玉珍说魁星楼井水可甜了，老人家绽开笑脸，满脸笑容仿佛在告诉人们，魁星楼井在她过往的生活中是十分美好的记忆。精神矍铄的李学圣老人（1937年生）说："魁星楼井是古代留下来的井，一般山村没有这种井。那个井水眼好水挺旺，没有井盖，井上面不用按辘轳，各家各户到时候拿着水桶去挑水。渴了抱起水桶就喝，不管早晚一年到头都这样。"

现在其中六眼井都因各种原因被填盖：它们有的是1943年打日本鬼子炮楼时，爆炸物把井填死了；有的是因为修路把井盖上了；大部分是新中国成立后割宅基地建房把井填上；魁星楼井是合作化时期，学校开粉坊，柴油漏了，井水没法喝，把井盖上了。现在只有与魁星楼井相似的北井仍在继续使用，村民以井口为中心用石头、水泥修出了直径为4.17米的圆形井台，村里妇女时常来此打水洗菜、洗衣裳等。

从小在村里长大的李致田老人（1941年生）告诉我们，老辈们是参照北斗七星的方位布局打下了那七眼井。北斗七星是由大熊座的七颗明亮的恒星组成，在北天排列成斗（或勺）形，常被当作指示方向和认识星座的重要标志。北斗七星的中国星名由斗口至斗柄连线顺序为天枢、天璇、天玑、天权、玉衡、开阳和瑶光。前四颗为“魁”，也叫斗魁，后三颗称杓，亦称斗柄。说到“魁”字，很自然就联系到村里的魁星楼井和魁星楼了。魁星楼井对应的正是斗魁范围。可见，李氏族人在此建魁星楼，并命名在此打的井为魁星楼井就不足为奇，李氏后人对魁星楼井情有独钟也更合情合理了。

魁星楼

对于魁星楼的修建，村里人有不同的说法：一种是因为西解甲庄三面环山一面临河，西南角略有缺口，在村东修建此楼用来辟邪。另一说法是，李氏宗族自古以来重视教育，读书人多，修建魁星楼是为读书人在魁星楼拜魁星，祈求自己魁星点斗，榜上有名。魁星楼何时修建？是什么样的建筑？村里老人无一能说出，但他们都十分肯定听上辈人说过村里有魁星楼，很多人也熟知魁星点斗的传说。

据《汉书》记载：魁星是古代神话传说中的“神”，乃天上的文曲星下凡，主宰文运。传说魁星是个才子，曾连中三元（解元、会元、状元）却因貌丑陋未中。魁星一怒之下将装书的木斗踢掉，投江而死。魁星虽未中，而民间百姓却仰慕其才华，将他塑造为神，借“魁星踢斗”之题，以求文运高照。魁星的形象通常是手里拿了一支笔，专门点考试中榜者的姓名。谁梦见魁星，谁就能成为考场上的幸运者。魁星点斗的吉祥图案和读书人信奉魁星的风俗早在宋代就有，而在明、清大为流行。通常在吉祥图案里把魁星画成一脚站鳌头、一脚向上后踢的形象，取“魁星点斗，独占鳌头”的祥瑞。所谓“独占鳌头”，就是考试第一名的意思。还有的祥瑞图案是采用会意文字的形式，画面上有一蓝面的小鬼，一手捧墨，一手执笔，单足站立在鳌头之上。连鬼带斗，就是一个草体的“魁”字。因此，古时想求取功名的读书人特别崇敬魁星，一定在七月七日魁星生日这天祭拜，祈求保佑自己考运亨通。

魁星楼是古代村庄里供奉魁星的圣地，读书人在此拜魁星，以祈求在科举考试中榜上有名。所谓“魁星点状元”，就是如此。是不是废除科举制度以后就把魁星楼拆了呢，现已无从考证。但是李氏族人“耕读传家”的祖训以及崇尚文化、重视教育的理念已然传承至今。

魁星楼

荷花湾

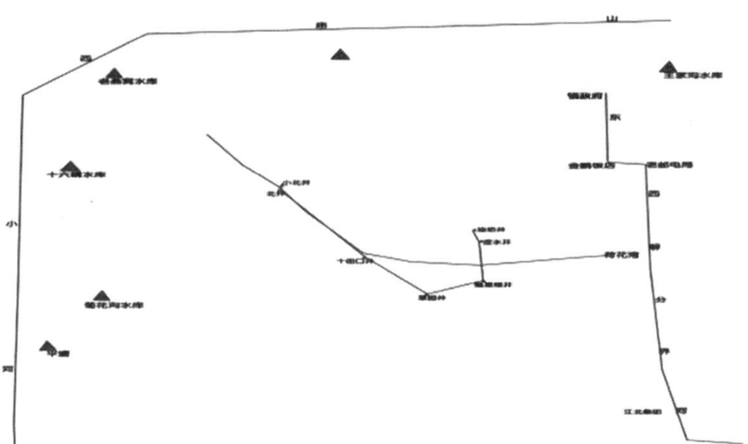

七星布局图

女子有才

清顺治年间，五世祖李初妍即让他的孙子们到离村5里的望杆墩寺读私塾。之后村里兴办私塾，极力传承“耕读传家”的家风。到清末，尚有私塾7处。1940年，村里仅存的3处私塾停办后，学生们相继进入陇西小学接受现代文化教育。

过去私塾授课内容以诵读，精讲三字经、弟子规、千字文、四书五经等儒家经典为主要内容；用毛笔写八股文，打算盘也是必学内容；学会背“金钱流”“小九九”是必须掌握的基本技能。私塾的教学方式以朗诵、背诵、写字、写文章为主，方法以注入式、灌输式居多。私塾先生均为本村的老秀才，有清末民初时期的李同宣（转角房）、李秋江（村会计李人庚的太爷，李修纯的爷爷）、李嘉山（李文忠的父亲，李文忠92岁去世，生前是牟平县商业局食品经营部经理）、李维刚（原名李明纪，李德海的爷爷）、李建赢（人称“海先生”）、李述古（李学圣的三爷爷，李淑精的爷爷）等都做过塾师。

李氏家族的后辈子孙和本村他姓的孩子均可在私塾就读。当时，一般家庭都让孩子读书，并且也十分看重女孩的教育。村里有句老话代代相传，“一辈没好妻，十辈没好日”，所以家长不仅让男孩读书，有条件的家庭也让女孩读书。李淑精（1927年生），原名李文玲，其祖父李述古是当年村里有名的塾师。李淑精父亲李志鹤在朝鲜做买卖，她从小就随祖父读私塾，后来考入烟台女子中学读书。李淑精1945年以前就参加了革命，那时她十七八岁，一边读书一边从事地下党组织活动。她的爱人王涛是文登人，也是新中国成立前参加革命，新中国成立后他在牟平县委当干部。李淑精后来随做了淄博市委书记的王涛到了淄博。

李宗玲老人（1941 年生）骄傲地介绍：“从俺太爷爷和爷爷开始都在家里教学。俺爷爷李建赢是个秀才，他教学教得好，还被牟平商会聘请当老师。俺父亲兄弟三个，他排行老大，叫李恭祖，他们弟兄三个学习都好。私塾读完就去大连学做买卖。刚去做了几天之后，掌柜对俺爹、俺二叔、俺小叔，还有其他的一帮学徒进行考试。一考，俺爹、俺二叔、俺小叔打的算盘又快又准，掌柜很兴奋，马上重用他们。有的做生产会计，有的跟掌柜出去跑业务，后来就有股份了。俺父亲和俺二叔毛笔字也写得相当好，过去‘青岛饭店’那几个字就是俺二叔李敬祖写的。1959 年为纪念修姜家庄水库，还立有石碑，石碑上的文字是俺父亲写的。”李宗玲老人还说，她们家的女孩子都上过学，她的三个太姑、三个太姑奶、三个姑姑都是在家塾接受的教育。

当李明篁老人（1929 年生）回忆起当年上学的情况时，还是情不自已，津津乐道，那可能是她一生中最难忘的一段时光。即使岁月已使她青春不再，记忆衰退，她仍然记得当年上学的往事。毕竟，在 20 世纪 40 年代，中国大部分的女孩还是不能享受到受教育的权利，但是她们已经可以和男孩一样上学了。老人虽然一再称自己没有文化，记忆力丧失，但交谈过程中，很自然地用手指在炕上写字，动作的娴熟表明了她以前受过的良好教育。交谈的过程中，老人几次重复着“开学了，开学了，小学生到学校，见个老师问个好”这几句话，这是她们第一堂课学的礼貌用语，所以一生印象深刻。

她说当时的学堂比较简陋，黑瓦白墙，屋子里面摆放着各种各样的石笔和石板，还有几张小小的桌子和板凳，大家趴在上面学习。外面的阳光透过窗户映射进来，照在石板大大小小的字迹上，发出耀眼的光芒。他们当时的学制是 6 年，五年级时，会有东解甲庄等外村的孩子来到本村读书，但是外村读书的女孩子数量远远不及本村人数多。她回忆说，当时上学的女孩子能占到村里女孩子的一半。读完六年级后，很多女孩为了更好的发展，会继续去外地学习，比如当时和李明篬老人一起读书的李永芬、李海滋等，她们在外地都谋得了很好的发展。

值得一提的是，1940 年，地下党员李希尧回村担任陇西小学校长并改革学校教学模式，以新式教育代替封建教育，并将本村女学生并进陇西小学，实行男女合班。这项改革在当时受到很大抵制，毕竟当时的胶东地区乃至中国大部分地区都还比较封建，不太能接受男女生一起上学。但是经历重重困难后，最终还是实行了男女合班，开创了本县教育新风。

西解甲庄女子读书很有名，她们在陇西小学读完高小后就出村直接从事小学教育教学工作了。新中国成立前出去一批教学的女性，现在她们大约 90 岁，有李振华、李学锦、李学礼、李建平、李培轩和李培文；1951—1952 年之间又出了一批出村教学的，她们是李乃先、李品清、李人娴、李人静、李嘉梅、李宗莲、李学秀、李白祖、李芳祖、李德春，她们的年龄现都在 85 岁左右。她们工作中兢兢业业，踏实努力；生活中，也能恪守本分，相夫教子。因为家族重视女性教育，使她们从小有机会接受好的启蒙，才有了她们如今的成就。

李氏子孙从小接受儒家思想熏陶和良好教育，为以后人生发展打下坚实的基础。有位哲人曾说：“一个民族的较量就是母亲的较量。”女性文化素质水平的高低，会潜移默化影响到一个家族，乃至整个国家的文明程度，可以说是女性掌握了民族的命运。西解甲庄对女性教育的重视，体现了他们超前的教育理念。

四、工部尚书

甲申叹

“安得高廪千万斛，大庇一郡穷民裹其腹！”这句诗很容易让人联想到大诗人杜甫的那句“安得广厦千万间，大庇天下寒士俱欢颜。”此诗的作者或许很多人不熟悉，他就是清朝工部尚书李永绍（1650—1739），字绳其，号省庵，晚号痴愚老人。

清顺治庚寅年（1650年）三月二十二日，随着婴儿清脆的哭声，一个新生命诞生在这个充盈着书香气息的家里。祖父李初妍为他取名“永绍”，对之期许甚笃。李永绍没有辜负祖辈的期望，自小聪颖好学，清康熙二十三年中举人，二十四年中进士，雍正二年官至六部的工部尚书，达到李氏为官的巅峰。李永绍一生清廉勤勉，功绩卓著，正直仁义，忧国忧民，高尚的品性令后世子孙永远铭记于心。他享年90岁，著有诗集《约山亭诗稿》。

李氏后人一直以先祖辉煌的科举成就为荣，在多如星辰的科举名人中，李永绍当然是最为璀璨夺目的一颗。他的事迹在胶东广为流传，有些甚至带有了传奇色彩。现选取李玉平《家族的荣耀》中李永绍几个故事以飨读者。

神灯相伴

李永绍5岁就开始到离家5里的望杆墩寺私塾中上学，业师聘的是本邑名儒新天堡张梦得先生。祖父李初妍怕他的孙子们因为生活优越而不求上进，所以就让他们往来走读，以劳其筋骨，磨炼其意志。李永绍勤勉自律，早出晚归。相传，每每李永绍晨昏来往，业师张梦得总是能看见他的身前不远处有两只灯笼隐隐前导，心中暗自称奇。

一次，张梦得偶患疟疾，卧床不起。李永绍前去探望，见恩师痛苦不堪，便取空坛一只，封以黄表，上书：疟鬼死于此！李永绍封。然后符表焚化，张老师顿时痊愈。在场众人均感神奇。一生阅人无数的张梦得感慨道："此子日后定当为天下苍生所累！"

义救叶飞

青年时期的李永绍恪守耕读传家祖训，白昼于田间辛勤劳作，夜晚则秉烛刻苦攻读。仲夏一天，李永绍正架着牲口在自家的麦场上打麦子，一名衣衫褴褛的青年男子从东面急匆匆跑来，气喘吁吁地说自己被恶差追赶，万望小哥搭救，说着便欲跪下。李永绍急忙用手相扶，见那人身上伤痕累累，心生不忍。看他虽然头发散乱，神形疲惫，眉宇间却蕴含着一股正气，顿生恻隐之心。他摘取斗笠扣在那人的头上，又脱下自己的外衣套在他身上，命他赶着牲口打麦子，自己继续拿起叉子翻动着麦秸。不久，有两位差人提着腰刀气势汹汹地赶了过来，喝问李永绍是否看见一个犯人经过。李永绍指着西面的大山说，那人朝西跑了。差人听后，立马向着山里追去。见差人走远，青年男子扑地跪倒，感谢李永绍救命之恩。李永绍把自己带来的午饭以及身上少许的钱都送给了男子让他赶紧离去。男子含泪道别：恩公在上，在下姓叶名飞，救命之恩铭记于心，将来必定结草衔环以报答恩公。然后飘然而去。日后，李永绍出仕，叶飞则追随左右，护卫安全，耿耿忠心，终生不渝。

万民跪送

李永绍在康熙二十四乙丑大比之年进士及第，授翰林院编修，旋外放浙江湖州府乌程县知县。

当时的乌程虽是鱼米之乡，然而盗风四起，治安混乱。李永绍刚到便遭受到地方黑势力的暗算，幸赖先前他在家乡所救的义侠叶飞相救。那些害人之徒见知县安然无恙，心知此人的道行很深，便再也不敢加害他了。到任伊始，但见大堂上积案累累，乡闾间怨声载道，上峰催逼破案文诰甚急。李永绍在叶飞的随扈下，微服私访，暗中查出一干罪犯的底细与行踪，利用一次有利时机，在上峰面前一举将罪犯全部拿获。巡抚和知府十分高兴，立马行文奏告朝廷。康熙皇帝御览奏报，欣喜地在奏章上批曰：“小官办大事。”

吏治败坏，民不聊生，是他工作中的另一个整治重点。经细查访，乃是前几任知县为了中饱私囊，于朝廷正赋之外另外加收三千两纹银；收交公粮的时候，设立了鼠耗、运耗、霉耗等等各种名目，且催逼甚苦，百姓深受其害。李永绍深知民间疾苦，遂将一切不良弊端概革除之。他在任期间，政简刑清，兴贤重学，百废俱兴。社会治安稳定，士民安居乐业。在他任满离职的那天，乌程民众夹道跪送，万众空巷。

为民请命

康熙四十三年春，时任都察院江南道监察御史的李永绍在回乡探亲途中，发现家乡左近文登、宁海等地因为大旱引起大饥。饿殍遍野，民不聊生。而地方官员却明哲保身，不为灾动，不为民急，报喜不报忧。他十分愤慨，怒作《甲申叹》上谏朝廷：

甲申之春人食木，哀哀那数只茕独。
叹余适自江南来，千里揄皮总如沐。
归里惨目尤伤心，挈男抱女街头鬻。
鬻儿不出长跪求，一子不值一升谷。
可怜壮士怯风吹，廋骨僵尸累累伏。
千村万落寂无烟，炊饼如纸青蚨六。
更有一事不忍闻，卖妻瘗子啖人肉。
适有鹑衣过我门，其父昔年我家仆。
岁在辛丑逢乱离，伴我东海窜山麓。
尔时余年十余岁，朝夕趋承力颇戮。
老仆泉下遗此子，饥馑丧乱同一轴。
愧余口食尚维艰，延尔残息日二粥。

呜呼！鹄面啼饥难论孰，安锝高廪千万斛，大庇一郡穷民裹其腹！

正是因为李永绍这本忧国忧民的奏章，才令朝廷紧急下令，减免了灾区人民3年的田租。

只认国法

康熙五十七年，李永绍升任户部右侍郎，同年十一月转任户部左侍郎，处理国家户口、赋役、财政方面的工作。

在此期间，当时的太子雍亲王胤祯到户部支取钱粮。李永绍对其丁是丁，卯是卯，不徇私，不枉法，并没有特殊的照顾。雍亲王不满：“他日，我为帝，你当如何?”李永绍不卑不亢作答：“臣依旧会像事当今皇上一样事你，只认国法，不徇私情!”刚正不阿的李侍郎给日后的雍正帝留下深刻印象。

盛京功业

雍正元年正月，李永绍调任盛京工部侍郎。盛京即现在的沈阳市，当时为清朝的留都。盛京工部侍郎为盛京工部的最高长官，二品官衔，掌管盛京的宫殿、庙坛、陵寝、城垣、公廨等项工程。任职期间，他忠于职守，精心策划，合理调度人力、物力、财力，又快又好地完成了修整工程。

修缮“福陵宝顶”是李永绍督办的重点工程之一。福陵是清太祖努尔哈赤孝慈高皇后的合葬陵墓，位于清东陵。“福陵宝顶”是在地宫上面修筑起高大的砖城，称之为“宝城”，然后在里面夯土形成一个高出“宝城”的大圆顶，故称之为“宝顶”。建成后的宝顶顶身极其坚固，密封性能极佳，不怕风吹雪打，经受得起雨水的冲刷。奇怪的是，在如此坚固的宝顶之上，竟然生长着一株生机盎然、盘根错节、形状奇特的榆树。而且每当一位新的皇帝登基，它就会长出一条新枝。所以，被清朝皇室称之为“神榆”。

凤凰楼，是盛京的标志性建筑，由清太祖努尔哈赤建造。因为年久失修，破败不堪。李永绍十分重视凤凰楼的修复工作，他亲自筹划材料，调派工匠，组织施工。很快，4米多高的青砖台基上，一座三滴水歇山式围廊，顶铺黄琉璃瓦的高楼宏阁如同凤凰展翅一样凌空而建。若干年以后，乾隆皇帝御笔亲书“紫气东来”匾额。他还亲自主持修建了中朝鸭绿江上的第一座木桥，用自己的俸禄在德胜门（今大南门）学宫右面建立义学，不久改为沈阳书院，也就是现在的萃升书院，它可以说是沈阳最早的大学。

尚书府

如果300多年前你漫步于西解甲庄，或许会被村中央一片高大气派的建筑深深吸引，这就是清朝雍正年间光禄大夫、工部尚书李永绍的故居。雍正二年（1724年）李永绍官至工部尚书后，由朝廷拨款奉旨敕建。当年的尚书府，地方官员路过府前，文官要下轿，武官要下马。

尚书府位于原村庄中央大街路北，南面有辛安河遥遥相护，北面有苗山巍巍相卫。占地面积数亩，房屋数十间，房屋错落，碧瓦朱甍，蔚为壮观。根据李玉平《家族的荣耀》的详细描述，我们可以大致了解尚书府的外观和结构。

尚书府的门前，有一对威武硕大的石狮子屹立在大门两侧，两柱高耸的旗杆，旌旗迎风飘扬，右首的旁边有一排上马石、下马石和拴马桩。临街处有7间屋宇，东面的第二间突兀地高出盈尺，正脊耸立，飞檐斗拱，脊兽雄峙，龙蟠螭护，是尚书府的大门楼。在兽面衔吐的滴水檐下与大门框的中间嵌有蓝底金字竖型匾额，上面用满汉两种文字书写着“尚书府”三个大字。

大门朝南，门庭高大。中柱之间，两扇厚实的木门，高过2米，宽约1.2米，厚约5厘米，掩以朱漆，画以丹青，气势恢宏。四颗门簪上雕饰着春兰、夏荷、秋菊、冬梅。门框两侧是一副楹联：“江南廉吏经天纬地为黎庶，鞠躬尽瘁星辉铺弼照尘寰。”下面是汉白玉雕琢的门礅，左右各有一只侧立的硕大汉白玉石鼓与门礅相连，另配有2米多长、50余厘米高的厚实枣木门槛。

走进大门，迎面而立的是以水磨砖雕琢而成的镂花砖墙花照壁。

照壁的东侧，是一栋小巧别致的二层青砖小楼。在大门和照壁之间有一条宽约5米、东西向的青石板铺就的甬路。向左边衔接的是一座古色古香、飞檐斗拱的四喜门楼。四喜门楼是一种极为罕见的建筑模式，喜庆中带有威仪的色调。平日只开常走之门，只有遇到重大喜事才会全部打开四扇门户。

打开四喜门楼的北门，映入眼帘的是一座古朴典雅、气势恢宏的官宅大厅，为五开间有现在两层楼高的单层建筑，也是尚书府的主体。房上五脊二坡，为四面出檐的正脊悬山建筑形式。镇脊神兽，龙吻吞兽。飞檐微微翘起的垂脊上狻猊、斗牛、獬豸、凤、狎鱼、螭吻而卧。前边出廊后边出厦。檐下斗拱绘彩，团柱红漆，雕梁画栋。东西两侧各附一间配房。大厅前门是六扇雕花屏门，后门是六扇平板屏门。厅内地面铺着方形灰砖，明间正中放着楠木条几、八仙桌子，两边各放着一把太师椅，椅子上还铺着红布椅垫，是尚书府的客厅。府内建筑系砖木单檐五楹七架结构。盖房时先立好木框架（由圆木柱、木梁、檩、椽搭建），然后装填砖墙、木墙和门窗。屋顶与房檐的重量通过梁架传递到立柱上，墙壁只起隔断的作用，而不是承担房屋重量的结构部分。这种建筑比较稳固，墙倒屋不塌。

尚书府的整体建筑格局是：府内四幢宏大的五开间屋宇依次建立在同一个轴线上，依地势自前而后一幢比一幢高，更显得鳞次栉比，错落有致，气势磅礴，蔚为壮观。两侧是厢庑游廊，也是小巧华丽的模样。房前屋后，种植有木瓜、海棠、石榴、银杏、玉兰、牡丹、修竹等，庭院内外彰显出一副蓊郁蓬勃、茵蔚洇润的气息。

尚书府西北角门的外面，单独辟有一个建筑群，是尚书府里随从、仆人等居住生活的地方，也是马厩和仓廪储物的所在地。

以前官宅外观特别讲究与主人官职级别相称。尚书府由朝廷拨款奉旨敕建，外表看来气势恢宏，屋宇轩昂，风光华丽，维护了皇恩的浩荡和显官的威仪，其内在则是十分朴素，朴素到不及当地商人的私宅风光。朝廷的拨款远远不够，但李永绍为官清廉，积蓄不多，所以尚书府外观上精美气派，其实内部用料极为粗糙。据其后人言传，尚书府建设用料多是就地取材，所用石料多数是附近山上开采的，木料也多是当地松木、杨木，只有个别木料从外地买来，建筑用瓦、五脊六兽及复杂工艺用料才是从京城远运而来。尚书府建设过程中因资金紧张，曾一度停工。皇帝得知后，派工匠前往村里相助，并由朝廷继续拨款，才得以续建。建造尚书府共用工 2 万余个，前后断续用时 2 年多，其中的囊中羞涩、拮据窘况不言而喻。因房子整体质量用料较差，100 多年后就渐渐衰败坍塌。村民先后在原址上又新建了现代民房。

目前村里人对尚书府建筑记忆最深的是门前的那对石狮子和厚实高大的门槛，其余几无印象。李修杰老人（1941 年生）现在依然记得，他儿时经常和小伙伴们爬到石狮子上玩，记得大门门框中间嵌有蓝底金字竖型匾额，上面用满汉两种文字写着“尚书府”三个大字。20 世纪 60 年代，村民李国芹曾经住过尚书府面街第二栋房子，当时大门楼还在，石狮子、照壁、牌匾都在，只是房子已经破旧不堪，所以 1964 年房子就被拆掉，在原址上改建了新房子。院子里的群厢以前也有人住，后来也拆掉了。李国芹家后面两栋房子早已经坍塌，当年村民的宅基地是免费提供，村里就把那两块宅基地批给了村民李国生和李宗武。门前的石狮子和门匾都是在“文革”中被破坏，现在我们唯一能看到的就是尚书府大门的底座了。

300 多年风雨，沧桑巨变，尚书府已经湮没在了历史的尘埃之中。然而，这座精美的建筑艺术珍品依然矗立在西解村民心中，它是村庄丰沛文化底蕴最敦实的基础，在李氏子孙的心中永远是一尊不朽的精神丰碑。它留给后人的是记忆中的荣耀与骄傲，同样也是现实中的激励与鞭策。近年来，李氏族人一直在为重修尚书府而奔波努力，期盼再现祖先荣耀，重振家族门风，教育和影响后人。在多方的积极努力下，2017 年，尚书府终于和李九龄故居开始整合修复。

前尚书府大门底座

前尚书府檀柱底座

约山亭诗稿

清雍正二年，李永绍以盛京工部侍郎的身份督办好盛京各事宜后便返回京师。时值初冬时节，凛冽的风雪已经在辽东这块土地上肆虐。雪后，天地间一片苍茫，万树晶莹泛玉光。一行人夜宿在一个冰雪覆盖的山村里，在这里，李永绍接到了一封家书。信中禀告，因他在盛京政绩卓著，朝廷将在老家府邸的后花园赐建一个书房。李永绍十分高兴，他欣喜地回复儿孙们："好栽柳竹护柴关，更筑高亭木石间。待我回归策杖上，摩挲老眼看群山。"

不久，李永绍又接到朝廷圣旨，晋升他为工部尚书，并敕建尚书府。李永绍当时也写诗表达自己感恩和复杂的心情："丹诏自天信有凭，归程不必计崚嶒。千山云酿三秋雨，八月雪凝一寸冰。百鸟南翔偏矫捷，大川西去转奔腾。玉关生入还加秩，老怯君恩报未能。"

出尚书府东北角门，沿一条石板路走不远，就会看到一个小巧别致的院落，这就是约山亭。因地处高坡之上，对面跺山青翠似屏，如约而至，故命名"约山亭"。

据老人们回忆，"约山亭"坐北向南，门前两侧各有一株高大茂盛的银杏树，院内栽植着牡丹、芍药、月季、菊花等花卉。院墙上挂满了花藤，稠密的绿叶衬着粉红色的花朵，娇嫩鲜艳，远远望去，好像一匹美丽的彩缎。大门地势较低，院子随地势起伏，南北距离很长。院子的东边是用桂山石筑就的峥嵘而挺拔的假山。在假山后边一株合抱粗的双瓣粉色玉兰花树下，有着一对白鹤翩翩起舞。那对白鹤是老尚书的最爱，老人每天都会亲自喂食、添水，白鹤则贴着老尚书的腿引颈而歌。院子西侧是一棵枝繁叶茂的木瓜树。沿着青砖铺就的甬路前面是三间雅舍，房子前檐出厦 2 米多，檐下有两根粗粗的檀柱。抬眼望去，但见青松拂檐，玉栏绕砌，金辉兽面，彩焕螭头，雕花竖脊。室内则是雕梁画栋，隔扇、槛窗、门户、屏风皆是精雕细琢，玲珑剔透。墙面上悬挂着很多名人字画。

约山亭的造型有一点奇特，屋脊前面长后面短，就像道士的帽子，所以人们也称作道士帽。村里老人传说，在约山亭后面的山坡上曾经有一眼水井，旁边有一棵高大黄连楼树，大树树荫盖住了井口，有一个树杈一直垂到了水面。井水甘甜清澈，无论春夏秋冬，水流涓涓溢出，径流到约山亭边老尚书的养鱼池中，然后再浇灌花园里面的花卉。

亭子的产权以前归李氏家族，新中国成立后归村集体所有。新中国成立后，西解成立了西解甲庄完小，把周围村庄的孩子都召集到西解读书。校舍不够用，就把约山亭当作了校外班的教室，前后有十几年的时间。后来，李永绍的直系后代把约山亭当作专门祭祀尚书的祠堂，墙上挂满了李永绍及其夫人的画像，春节、清明节、七月十五都会进行祭奠。他们派人对亭子进行修缮管理，所以亭子保留的时间较长。1968 年，约山亭被李家后人卖给村民李学钢，1970 年因破旧被拆掉。

约山亭的原址现在是一栋现代民房，已寻不到一丝过去的踪迹。有幸，李永绍有关约山亭的很多诗歌保留了下来。“策杖上亭子，缓步意闲闲。”“亭子三间木石间，观鱼饷鹤几曾闲。”……约山亭得以在诗歌中永存。李永绍 84 岁告老还乡，荣归故里，晚年在约山亭里赋诗作画，莳花弄草，颐养天年，著有《约山亭诗稿》六卷。

《约山亭诗稿》是李永绍 67 岁至去世前的诗作。因多数作品出自“约山亭”，所以编纂做《约山亭诗稿》，分为《礼》《乐》《射》

《御》《书》《数》六卷。该文稿成于300年前，虽然牟平《遗香集》有过部分收录，但大部分秘藏于民间。又历战火之颠沛、“文革”之抄缴，多有佚失。故现仅存诗稿五卷，诗1 200百余首。此稿虽已残缺，但仍不失为稀世珍品。打开书卷，字字珠玑，卷卷锦绣，赏读之后，口留余香。《续修四库全书总目纲要》评价李永绍“其诗未能雄深，而有淡雅之致”。

《诗稿》的大致脉络是沿着李永绍任职京师，而后辽东、京师，最后致仕故乡约山亭的仕宦经历而作。他没有用华丽辞藻修饰，而是以真切朴实的手法一下子把读者拉回到300年前，让你如临其境，感同身受。

其诗歌内容上多关注天象和时令节气。大自然的阴晴风雨、旱涝冰雪，频繁地出现在他的诗篇中。农耕时代，百姓靠天吃饭，天气的阴晴风雨关乎着民生的温饱生计。李永绍曾为工部尚书，负责管理屯田、水利等事物，他对晴雨旱涝格外关注，不仅是职业习惯，更是源自他心系天地万物的仁者情怀，体现了他对民生民情的深切关怀。《甲申叹》中“安得高廪千万斛，大庇一郡穷民裹其腹 ”的诗句很容易让人感受到他与杜甫相似的忧民爱民情怀。

抒写闲适旷达的心态，是李永绍诗歌的另一重要内容。他性格平和淡泊，顺时委运，情绪豁达，活到90岁，是当时极为长寿的老人。他喜欢松树、梅花、兰花、竹子，喜欢鹤、画眉、鹞鹰、鸽子等，所以他的很多诗歌是吟咏花草禽鱼。“或云此树尚未老，虬干还须几许年。正似人间酷饮者，道逢车曲口流涎。”（《成山田姓送秦松》其二）诗人见到松树就像嗜酒者见到了载酒的车子，这一比喻形象地表现出诗人对松树的挚爱之情。李永绍为官阶段的诗作不多，他任职盛京工部侍郎的诗歌，描写了东北的风土人情。在京城的创作，为读者留下了不少都市风情的资料。

李永绍诗稿真迹一直没有找到。目前的手稿是李培钦的太祖父四举人李盛源手写，开始应该是完整的，后来因保存不当（现在的几本还有小孩子乱画的痕迹），只剩五卷。第一卷被孩子当作演算纸，甚为遗憾！后来此书稿辗转到了当时的村书记李崇杰手里，村民李庆续把五卷的副本给了李氏第十代子孙李思乐。李思乐是东北师范大学教授，从事古籍研究整理工作，他在同乡萧文立的帮助下，完成了诗稿校注，2014 年整理出版了《约山亭诗稿》，2015 年出版了《约山亭诗稿校注》，完成了多年的夙愿。

《约山亭诗稿》终于可以在世间流传，这是西解甲庄李氏子孙的幸运，也是我们读者的幸运，让我们可以在一篇篇精美的诗歌中去慢慢追寻李永绍的足迹，领略这位清代工部尚书的风采。

约山亭诗稿

五、兴学之路

李氏宗族历来崇尚文化，重视教育。从陇西小学到解甲庄中学，走出一个个骄人学子。据统计，自新中国成立以来，村里有86位学子（其中57名本科、8名硕士、1名博士）获得进入大学深造的机会。“育才造士，为国之本”“建国君民，教学为先”，先生们一腔热血，村民们众筹资金，共谋教育发展。

弥漫着笔墨馨香的学堂早已远去，朗朗的读书声和着先生的谆谆告诫声也已渐渐湮没在历史滚滚尘埃中。斗转星移，漫漫时光为这座饱经沧桑的育人之地勾勒出新的面庞，巍然伫立在村头的解甲庄中学似乎正在诉说着那一个个远去的故事。

陇西小学

在西解甲庄社区文化大院北面一角，一块尘封了数年的石碑静静地躺在松软的泥土上，斑驳的字迹依旧可辨认。残存不平的碑顶留下了历史的痕迹，也留下了李氏族人对教书育人的美好期许。族人捐款的义举，郑重地刻印下了这个村庄教学的源起与兴盛。

残碑于2007年出土于陇西小学附近，上面镌刻有部分捐款人的姓名、商号或堂号。后来石碑下落不明，经村民李玉平多方打听，终于在 2016 年 10 月 11 日从村北大院废品堆里找到了这块残碑。残碑文中有安保、顺庆、同生、长桂、同兴、泰局、隆泰号、天泉局、龙启号、永茂号、大兴号、通泰号等多家商号、堂号，且捐款数额清晰可见，另有近 50 人捐款的记载。从捐款数额看，最多的捐款为“钱五十千”，最少的捐款为“钱三百”。其中，残损的石碑上镌刻着“李九龄钱五十千”的字样，李九龄也是残存碑文中显示捐款最多的一位，排在第二位的是“李廷杰钱二十千”。这块失而复得的残碑，证实了李九龄倡导李氏族人捐资修建陇西小学的事迹。

沿着历史的脉络追溯，翻阅有关西解甲庄的文献，人们仿佛可以看到清朝嘉庆年间（1796—1820 年），李九龄振臂疾呼，倡导李氏族人捐资修建小学的情景。经过众人精心筹备，一座寄托了李氏厚重期望的小学终于落成。学校建在李九龄故居东南侧的穿心河以南、魁星楼以东的位置。大概是因为本支李姓发祥地在陇西（现位于甘肃省东南部定西市中部），为纪念先祖，学校被命名为“陇西小学”。

陇西小学建造比附近其他村落的小学早 100 年左右，由于办学水平较高，因此被人们广泛称赞。时至今日，细细数来，陇西小学距今已有 200 多年历史。陇西小学的故事在村里口口相传，成为一代代西解甲庄人的记忆。1915 年，李氏族人再次出资重修了陇西小学。

陇西小学是李学圣等一辈老人难以忘怀的地方。他们记忆中的陇西小学，整洁而雅美，香韵绵绵。小学由两排对应的大房子组成，分为四个教室。坐在教室里面，读书之余，抬眼一望，心旷神怡。北窗外的小河边垂柳茵茵，南窗外院里的墙面上爬满了绿色的植物。院子西南角上有一颗硕大的紫藤，条条藤蔓蜿蜒下垂，如瀑布一般，每逢花开的季节，紫花满树，成为校园的一大美景。校园里花草树木繁多，牡丹、芍药、丁香、四月雪等争奇斗艳。漫步于学校的各个角落，都会发现不一样的美丽风景。校园西面院墙宛若幽帘屏风，将教学场所与操场相隔，为同学们提供潜心学习的地方。学校东墙有一个月亮大门，外院是学校的小操场。月亮门和高高的院墙将这个宁静的书香之地隔离于村庄中。踏入校园大门，整洁宽阔的操场映入眼帘，在这里，师生们可以活动筋骨，强健体魄。

十年树木，百年树人。一批批学子带着满满的收获走出陇西小学，因其较高的办学质量，学校声名远扬。在陇西小学就读的学生中，一至四年级为本村学生，五至六年级为周围村学生。学校一直秉承“平等、先进”的办学理念，男女学生均可入学接受教育。因此，在西解甲庄，读书接受教育的女性并不少见。学校教育与先进的思想潮流接轨并行，除开设国语、历史等传统文史类课程外，也将自然、地理、历史、美术、体育、修心课等容纳进教学体系之中，极大地开拓了学生们的视野。

谈起记忆中的老师，人们就会想到五老师，称他是先进西式教育思想第一人。其严谨的教学方式，友善和蔼的待人态度，深深地烙刻在几代西解人的脑海中。五老师，原名李思仙，字慎修，号志敏，是李氏三份三支的，因排行老五，人称“五老师”。五老师出生于一个思想极其开明的家庭，光绪废除科举的时候，其父亲李元穆把他送到济南师范学校学习。毕业以后，他来到陇西小学任教。不同于其他传统教师采用“满堂灌”的教学方法，五老师另辟蹊径，授课中融入西方先进的教学方法，课堂生动有趣。他教授的算盘、簿记账、包袱账等，深受学生们的欢迎。直到现在，李述美（1940年生）等老人还清晰地记得五老师教授的“教金钱流，金中套”的算法。“他教出来的学生都很有出息，十有八九都成了账房先生。”

李述美老人这样评价五老师。

躬耕教坛数十载，育得桃李满天下。五老师一生带过的学生数不胜数，有的学生比他年长好多岁，有的人家爷爷是他教的，父亲是他教的，孩子还是他教的。俗话说“严师出高徒”，五老师也不例外。他教学十分认真严谨，长长的藤条教鞭更让学生们记忆深刻。长鞭一甩，甩掉了顽疾，点醒了成长中的学生。经过五老师悉心培养，很多学生不仅知识扎实，而且做事踏实，成为鼎立一方的人才。商家对西解学子向来是非常渴求的。“没等毕业，商家就来要学生了。”老人们回忆说。土改之后，五老师辗转于谭家泊、繁家庄等多地教学，教学成果颇为丰硕。1965 年，五老师走完几十载桃李满园的征途，享年 70 岁。

除了五老师，西解甲庄还有很多为教育事业甘于奉献的老师。如李希尧、李培钦（1926—2016）、李仕尧（1935 年生）等老师，在 20 世纪 40 年代，他们带领学生们在战火的洗礼中茁壮成长。据李仕尧（1935 年生）老人回忆：“老师坚持给我们讲课，尤其是涉及中华民族精神与文化的内容，更是重点讲，一字一句很认真。”他至今还记得小学一年级的一堂语文课：“一个字，兔，兔子的兔。第二个就是白兔、黑兔。”除此之外，对于强健体魄的体育锻炼课，增进孩子们团结凝聚力的小游戏等，李培钦老师也没有忽视。体育课上，大家排着整齐的队列完成跑步、齐步走、立正、稍息等一系列完整连贯的动作。课间时，老师则会带领大家一起做游戏，丢丢手绢儿，或是排成一队进行老鹰抓小鸡的游戏。小小的蒲团、石板和石笔等老物件深深地留在李仕尧、李学圣等老人的记忆里。

李仕尧受李培钦老师的影响很深，小学毕业后，他先后到上海、青岛、济南求学。23 岁时，他毅然回村从事教学工作。为教育事业奉献是西解甲庄人的一种精神，代代相传。

在老师们的谆谆教导和悉心培养下，西解甲庄涌现了一批批优秀的学子。如李学田（1933 年生）是李学圣老人的堂弟，他在陇西小学学习了 6 年，成绩优异。1948 年 2 月，他考到北京的大学学习。1955 年春，他成为共和国第一批被派往苏联学习的博士之一，计划学习 7 年。由于历史原因，学习仅五年半就回国了。之后，他被分配到湖南大学担任教师，后又被派到美国学习 2 年。学业完成后，怀着报效祖国的理想信念，他返回湖南大学继续任教。李学田不怕吃苦、勤奋读书，是西解学子的表率。

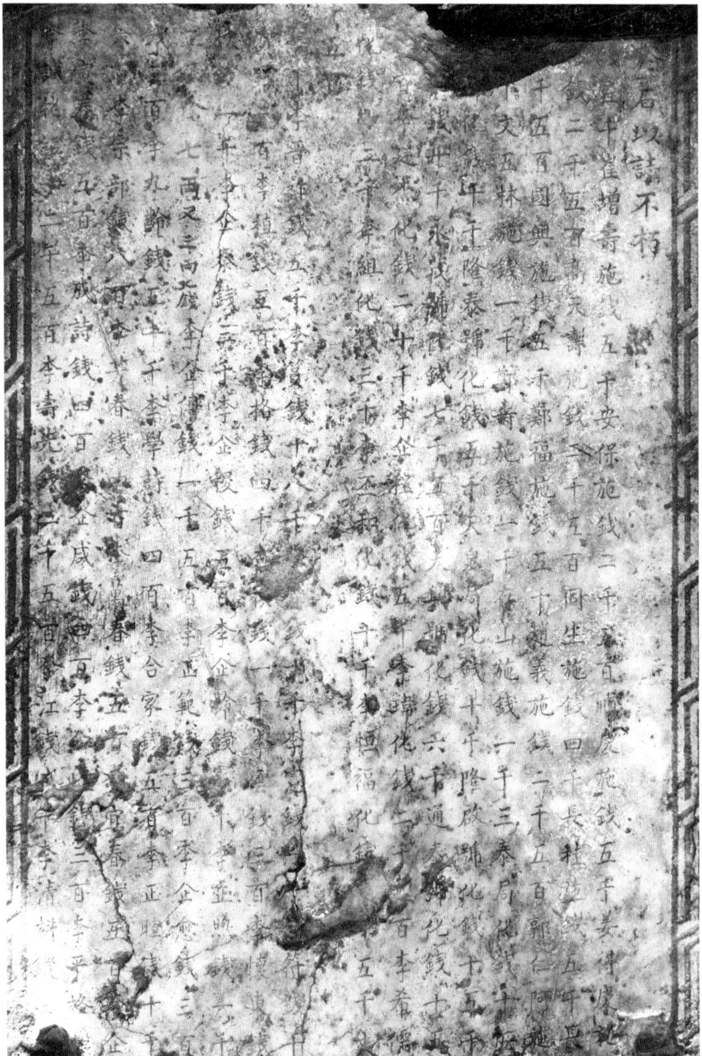

捐款碑

西解完小

西解完小承载了如今大多数村里老人有关读书的记忆。虽然名字多次更改，当年充满朝气的校园无处可寻，但学校与祖国一同成长的那段曲折岁月，已深深地刻在每一个西解完小学子的心中。

百年大计，教育为先。1949 年牟平县教育局、解甲庄乡教育部门将陇西小学改办为解甲庄乡中心完小；1958 年称解甲庄公社解甲庄中心完小；1964 年称解甲庄镇中心完小，下辖全镇 10 处完小，配备良好的师资与基础设施，成为解甲庄镇乡教育、行政领导和业务的中心，由此西解完小正式立名。

初期的完小，是西解甲庄人凝心聚力的结晶。解放初期至 20 世纪 50 年代末，这时期办学经费、教师工资基本靠国家财政拨款，用于学校建设的基本费用也较少。“再穷不能穷教育，再苦不能苦娃娃”，西解甲庄人历来重视教育，他们协同周边各村积极筹资解决校舍、桌凳问题，基本满足了学校的基础设施供应。此阶段完小的教育教学，是全乡、全公社、全镇教育的示范地。

动荡的时代并不能动摇西解甲庄前进的步伐。氤氲墨香之地，成为周围数村的骄傲。1968 年“文化大革命”期间，小学被下放到大队（村）办，各村学生回原村就读，中心小学也由此变成了一所村小。1969 年下半年，面对办学师资和教学质量上不去等问题，有关部门积极筹措，提出几个村联合办学，成立了西解甲庄联办中学，简称“西解联中”，后又被公社党委、政府命名为解甲庄第一初级中学。联合办学大大提高了学校教学质量，周围十几个村庄的初中学生来校就读，西解联中成了解甲庄镇的教育教学中心，并成立了学校党支部和公社师训站。由于时代原因，学校经过中小学分办、合办等几次改变，直到 2003 年 7 月，解甲庄中心小学开始管辖附近 16 个自然村的学生，其办学条件、师资力量和办学水平翻开了历史新的一页。

一块黑板，一方桌椅，流淌着清浅时光的美好记忆。读书的娃娃们，在这片生机勃勃的土地上，度过一天又一天，一年又一年。或许村民们在平淡生活中会暂时遗忘发生在西解完小的经历，但一旦忆起，往事绵绵，涌向脑海。六年高小毕业的李述美老人（1940 年生）对他上小学的事记忆犹新："1951 年在西解甲庄完小上学，学校就在幼儿园北边。那时候人们称为南校，后来高年级去了祠堂，那边称为本校。祠堂有两个年级，南屋北屋有三个年级，祠堂后面是办公室，一共是 9 个教室，一个教室能有 40 多个人。"由于学生较多，学校还在村里找了一些其他的小祠堂作为教室，约山亭也是教室之一。安静的教室内，贴近实际生活的乡土之情融入孩子们的课本中，成了他们难忘的记忆。"我还记得学的一篇课文'大羊小羊，大羊大小羊小，跑上跑下吃青草'；还有'黄豆好、黄豆香，黄豆好炸酱'。"老人兴致勃勃地讲述着。一颗颗算珠在老师的悉心指导下精确地跳动；一个个文字在努力构思下形成了精美句子；挽起伙伴的臂膀轻快地在操场上奔跑；在小小的石板上勾勒出对未来的憧憬……西解完小的学习和生活，串起了老人们最值得追忆的童年。

改革的春风吹遍了大江南北，也吹绿了西解完小的一草一木。20 世纪 80 年代，为开展文明单位建设工作，学校进行了环境美化。争奇斗艳的花朵，风姿绰约的杨柳，五彩缤纷的宣传栏遍布学校的各个角落。路面和室内硬化（水泥）工作有条不紊地开展，大规模勤工俭学活动顺利举办。90 年代，学校加强了队室、实验室等建设，更新了一批新桌凳及办公桌、椅、书柜及电教器材，购置了幻灯机、投影仪及美术模型、标本等，现代化的气息随处可见。2004 年起，借由镇、区教育局的力量，三方合作共同进行教学楼建设、教学设备更新的工作，学校信息化教学设备有了很大提高。西解甲庄人一直奔跑在时代教育的前沿，为响应国家号召，全体教师大胆实施课程改革，承担区“科技课堂教学模式探究”、市级“五小公民”、省级“国家十五课题学生逆反心理矫正与克服”“整体构建学校德育体系深化研究与推广实验”等有关实验课题，并顺利通过了验收，一大批中青年骨干教师、教学能手及优质课、示范课执教者先后涌现。学校曾多次被评为文明单位、普通话示范学校、市级花园式学校、规范化学校等，多位教师曾被评为精神文明先进个人、先进教育工作者、优秀班主任等。西解甲庄人，以自己的智慧与勤劳，开拓出一片教育的新天地。

据李宗玲老人回忆，她有一个哥哥和一个姐姐，他们兄妹三人先后都以优异的成绩从西解甲庄完小毕业。她的哥哥李宗钦以排名第六的好成绩考入了青岛一中，当时仅招收 200 名学生。但由于家里条件不允许，尽管李宗钦在青岛一中学习成绩名列前茅，却没能如愿报考大学，当时的中学校长很为他感到惋惜。随后，李宗钦读了一所专业技校，毕业后分配到沈阳橡胶工业制品厂。李宗钦踏实工作，刻苦好学，深得单位领导器重，先后被派往日本、泰国等国学习，后晋升为高级工程师并担任总工程师之职。

解甲庄中学

2015 年 3 月，莱山区解甲庄中心小学更名为烟台市莱山区解甲庄中学，为九年一贯制学校，并开始招收初一新生。一幢三层的小楼，承载着 18 个教学班九年义务教育的重任。漫步在西解甲庄，在村委大院、幼儿园和幸福院旁边，人们能看到飘扬的五星红旗和“解甲庄中学”几个金灿灿的大字。“登高望远，厚德载物”的校训，彰显着现代与历史一脉相承的精神气韵。解甲庄中学，作为地区的教育先锋队，承担着全镇的教育重任，拥有优良的现代基础设施和高质量的教学队伍。学校现有学生 657 人，其中小学部 351 人，中学部 306 人。学生来源于周边 23 个村庄及厂矿、机关、驻军部队。现拥有教职工 53 人，在岗教师学历全部达标，本科以上学历教师 49 人，教师中级职称 22 人，高级职称 2 人。

学校占地面积 7 106 平方米，建筑面积 3 392 平方米，其中平房 1 396 平方米、楼房 1 996 平方米，楼房是 2004 年由镇政府出资 120 万元建立的，这让学校彻底告别危房，校舍进入全区先进行列。近几年，在上级及社会各界的大力支持和帮助下，结合“均衡发展示范县”创建工作的契机，学校整体面貌有了极大的改观，综合承载能力不断增强。学校目前拥有标准化微机室、多媒体室、语音室、仪器室、音乐室和实验室等功能室，达到了多媒体设备的“班班通”标准，基本配齐了实验仪器、音体美器材等，为学生的全面发展提供坚实的物质基础。解甲庄中学作为全国首批义务教育均衡发展示范县的知名中学之一，在区、街道两级政府的高度重视和大力帮助下，在教学资源配置上有了进一步的提高，为农村的孩子提供了免费校车、免费校服等红利。“看到孩子穿着干净整洁的校服，开开心心地乘坐校车，我们非常高兴。”“现在学生多，学校地方小点了，不过新学校就要建成了，我们期待着。”“比起以前咱们上学时的条件，现在孩子们很幸福。”问起学校的情况，几个村民这样说道。

随着学生数量的增加，学校占地面积和使用面积均无法满足学校发展的需要，为学生谋福利，为教育增色彩，经过烟台市莱山区区委、区政府研究，决定重新选址建设新的解甲庄中学。2016 年 6 月 3 日，新学校开工建设。解甲庄中学新校区总投资 1.4 亿元，规划占地 92.7 亩，总建筑面积 28 015.89 平方米（小学教学楼 8 062.46 平方米，中学教学楼 9 610.51 平方米，中学宿舍和餐厅 8 709.30 平方米，风雨操场 1 633.62 平方米，300 米操场 1 个），规划教学班 45 个，其中中学 20 个班，小学 25 个班，规划招生数 2 300 人。桂山脚下，辛安河畔，群山绵延，碧水环绕，一片欧式风格建筑已经拔地而起，新学校将于 2018 年投入使用。

“解甲庄中学是解甲庄街道历史上规模最大、投资最多、档次最高的学校，学校建成后，其硬件条件甚至要超过城区学校，这是区、街道两级政府对民生、对教育问题高度重视的最好证明。”“学校未来的定位是要办一所省级规范化的区域名校，”校长丁新生说：“我们将坚持‘一个中心，两条主线’的办学思路，不断夯实‘内涵发展’和‘管理精细化’两大现实任务，努力完成‘为学生终生发展奠基，办人民满意学校’的终极目标。”

多年来，解甲庄中学秉承“登高望远，厚德载物”的办学理念，坚持“求真、求实、求正、求新”的“四求”原则，牢固树立“管理正校，质量立校，科研兴校”的发展观，以培养“健康、守礼、自信、自立”的合格社会人为育人目标，学校在管理上推行“分、立、督、结”四个环节为引领的目标管理制度，努力推进学生的自我管理建设，培养他们的责任意识、履职意识和岗位意识。在管理体系上，学校分别建立三线合一的管理模式，也就是领导、教师和学生为管理主体，以常规管理、教代会管理和学生管理为平台的管理模式深入实施素质教育，促进学生全面发展。结合农村学校实际，学校从小处、实处入手，以课例和课题研究为突破口，探索出了一套具有农村学校特色的教科研的新模式。学校“1231”优质课改革模式已取得明显成效，并在全区做典型经验交流。“高效课堂诸环节研究”也得到上级教育科研部门的认可和肯定，“快乐500”晨读成为学校的亮点。

学校多年被评为市级文明单位、区级岗位目标管理先进单位、安全文明校园创建工作先进单位、安全工作先进单位、教学工作先进单位、健康教育示范校等荣誉，校长丁志强多次被评为区先进教育工作者、嘉奖等，马美丽老师荣获“烟台市新课改优秀实验教师”莱山区优秀教师等称号。秉承西解甲庄人重教育的传统，解甲庄中学将会走向更加辉煌的未来。

解甲庄中学（1）

解甲庄中学（2）

小学课堂

六、崇德尚义

堂号商号

堂号，本意是厅堂、居室的名称。因古代同姓族人多聚族而居，往往数世同堂，或同一姓氏的支派、分房集中居住于某一处或相近数处庭堂、宅院之中，堂号就成为某一同族人的共同徽号。同姓族人为祭祀供奉共同的祖先，在其宗祠、家庙的匾额上题写堂名，因而堂号也含有祠堂名号之含义，是表明一个家族源流世系，区分族属、支派的标记，是家族文化中用以弘扬祖德、敦宗睦族的符号标志，是寻根意识与祖先崇拜的体现。

堂号不仅书写于宅院厅堂、宗祠祖庙、族谱封面，而且也题写于店铺、书斋别墅、文集书画及日常生活用具（如车舆、灯笼、钱袋、家什）上面，用以区分姓氏族别，作为本族标记。一个大家族也可以有多个堂号。据说只有考取秀才的人家才有堂号，以后家族沿用。村里以前有忠德堂、同德堂等几十个堂号，人们曾经在麻袋上写着堂号，一直到土改以后才结束。现在村里还有尚德堂、世德堂、迪德堂等几个堂号。

商号即厂商字号，或商业名称。商号作为企业特定化的标志，是企业具有法律人格的表现。商号经核准登记后，可以在牌匾、合同及商品包装等方面使用。古代人一般都是以自己的姓氏、名字作为商号，有的家族把堂号作为商号，有的家族另有商号。堂号和商号具有深厚的文化内涵和实际意义。

清朝前期，各类集市、商品交易繁荣，促进了商人阶层的兴起。在西解甲庄，李氏家族也开始了经商之旅，他们创立了自己的商号和堂号，如李九龄家的忠德堂和龙封号，李光绶家的同德，李光祖家的洪顺，李子宾家的青生号和裕兴祥，还有东兴、恕兴、安保、顺庆、同生、长桂、同兴、泰局、隆泰号、天泉局、龙启号、永茂号、大兴号、通泰号等多家商号、堂号，反映出村庄古代商业的繁荣。当时西解甲庄不仅被称为“为官村”，也被称为“商业村”。

西解甲庄商业的繁荣兴盛绵延于今。目前，村里企业有 40 余家，个体商户 300 余个，涵盖了食品、药品、日用百货、农资等批发零售以及物业管理公司、牙医诊所、建筑施工装饰、木材加工、动物养殖等多方面，为村民提供生活便利的同时，也带动村庄经济的发展。

西解甲庄的堂号和商号多以“德”字命名，反映出李氏族人对立德修身的重视。“崇德尚义”就像一粒种子在每一位李氏子孙的心里生根发芽，自古以来，李氏宗族人中很多商人乐于奉献他人。他们都秉承“经商不忘桑梓情，富而不湮仁和义”的原则，不仅在自己的店铺中诚信经营、童叟无欺，同时尽力帮助同村人、同乡人。现在西解甲庄的企业和商户也不忘祖训，在注重自身经济的发展同时，也关注教育、养老等村民普遍关心的问题，在村里集资兴建幼儿园和幸福院时积极捐款捐物。西解甲庄的商人，是善义的永恒传承者。

同德洪顺

清嘉庆年间，李光绥和李光祖（李氏第十二代）两兄弟就在京城做起了生意。哥哥李光绥的店铺名为“同德”，弟弟李光祖的店铺名为“洪顺”，寓意兄弟俩同心同德，财洪业顺。“同德”主营粗细杂货，即如今的百货商店，当时是给清朝正蓝旗王王府的日常生活提供供给。正蓝旗是清代八旗之一，建于明万历二十九年（1601年），因旗色纯蓝而得名。正蓝旗在顺治前与正黄、镶黄列为上三旗，顺治初，被多尔衮降入下五旗。后来蓝旗王犯事被革职，李光绥为避免店铺受到牵连，将“同德”迁往朝鲜经营，因此也成为最早在朝鲜做生意的华侨商人。自此，李光绥充分发扬李氏宗族乐于助人的精神，对于胶东一带欲往朝鲜谋生的商人，他都给予资助，以帮助他们在朝鲜站稳脚跟，获得更好的发展。

李光绥的后人李学俭（1907年生），同样继承了西解人这种尚义精神。日伪时期，他跟同村的李良玉在烟台朝阳街开了一家名为“顺和福”的客栈。这家客栈不仅为时任中共胶东特委书记的张连珠和他的同志们提供隐蔽的藏身之处，而且经过短暂的训练后，其本人还做一些收集情报、掩护共产党员的工作，为当时的抗战贡献了自己的一份力量。曾有一次抗日镇长李建楣（字次栋）到烟台来，得到了李学俭的掩护，顺利渡过了难关。

李玉平（1957年生）是李学俭的孙子，李氏第十八代孙，由于被祖上浩然正气的品性和忧国忧民的事迹震撼和打动，他一直致力于家族资料的搜集和整理工作。十几年来，他放弃了娱乐和休息的时间，遍访族中老人，详查有关书籍，发掘和记录下10万多字的第一手资料。他继承了家族热爱读书的传统，虽因时代缘故，初中未毕业就辍学，但他长期坚持阅读和写作，他的文章《工部尚书与约山亭诗稿》《尚书府》《西解怀古》等相继发表，这些文章被广泛阅读、转载，引起了社会的极大关注，为村庄及其尚书府文化宣传做出了很大的贡献。不论谁到村里调研、参观，只要对方需要，他都毫不保留无偿把资料送出。很多宝贵的第一手资料就这样被他人引用，在自己的文章和书籍里发表。他从不争执，反而由衷高兴。他说："祖先正直仁义，德播四方，我也不会为这点小事去斤斤计较。我搜集资料的目的是想把我们家族的精神传承下去，为村庄多做点贡献。"简朴的语言中体现了李氏家族崇德尚义的精神内涵。

谈起祖上的经商情况，他回忆起祖父经常讲的事情。当年，在烟台做生意的李家商人都有一种团结互助的情怀。如果哪一年家乡遭受了灾荒，李家在外的商人就会自动聚集到一起，商讨赈灾事宜，各自出资，集体购粮。有时一家商铺竟有购买两万斤玉米的规模。然后用车载回村庄，先通知丁家夼北村看西老茔的苏、徐两姓前来尽需搬取，剩下的再分配给本村困难户。

李玉平在村里开了一家修车铺，沿用了祖上的"同德"商号，起名"同德修车铺"。他秉承了祖上同心同德、诚信务实的品格，修车的价格不仅公平合理，修车质量也得到了村民的广泛赞誉，而车胎打气及一些小零件的替换等都是免费的。此外，李玉平也经常在生活上帮助店里的合伙人及村民乡亲。2015 年，李玉平被村里评为"诚实守信"道德模范。

李光祖的"洪顺"是一家烧锅店，即如今酿造白酒的作坊。其酿酒原料纯真，技艺精湛，白酒淡雅柔润、厚味宜人，再加上他经营有方，生意十分红火。因蓝旗王犯事被革职，"洪顺"商号迁到了烟台，开起了绸缎店，从此不再经营酿酒生意。李光祖也尽力来帮助他人。凡是村里乡亲到了烟台，“洪顺”商号都是免费供应吃、住（过去西解甲庄隶属于牟平县，离烟台还有好几十里路，交通不便）。李光祖的后人李学圣说，家族后人有的继续祖上的产业，在烟台开了一家名为“洪利”的烧锅店，也有在烟台开“福幸德”干绸缎买卖的。不同时代，或许经营范围不同，但是一脉相承的，是其为人诚恳的态度、真诚待人的做法。

“洪顺”后人李廷全（1963年生），李氏的第十八代孙，也承继了祖上“仁义经商”的品德。李廷全自幼受到父亲吃苦耐劳和母亲精打细算的熏陶，由熟食加工销售到后来开办石子厂、木材厂，一步步走来，他一直铭记父亲曾经对他的教诲：“买卖守货，船守舵”“不管做什么事，都要做成同行业当中最好的”。“为己是本能，为人是修养”是他的处事理念和原则。十几年来，李廷全以厂为家，诚挚待人，与员工们关系融洽，深得大家信任，很多人愿意跟他交朋友，也为他的生意提供了不少帮助。30多年的风雨航行，以善为舵的经营理念赢得了人们的广泛赞誉。为文化助力，在西解甲庄的捐款记录簿上，李廷全郑重地写下了属于李氏商人的善行善风。

“同德”“洪顺”，不仅仅是李氏兄弟的店铺商号，更代表了李氏家族经商理念。或许盈利是重要的，但是真正重要的是诚信经营、踏实肯干，这才是“同德”“洪顺”得以流传的本质。

致美楼

鲁菜，作为八大菜系之一，久负盛名。李相祺（1871 年生）李氏十三代，其掌管的“致美斋”（后改名为“致美楼”）被评为京城著名八大楼之一，为清廷皇家和民国政府招待国宾的重要场所，也是社会名流贤达云集的地方，真正地将鲁地风味传播到京城。

“致美斋”开业于明末清初，原来以姑苏风味名噪一时，而后由于清乾隆皇帝御膳房大厨景启的加入，使得致美楼品味大增，顾客满盈。但是到了清末，“致美斋”开始衰落，这时的李相祺（西解甲庄李氏族人）看准了时机，与杨氏、张氏两位同乡一起买下了“致美斋”。他们发挥自己制作鲁菜的手艺，将菜肴做得色香味形俱全，逐渐得到京城的顾客认可，并开始了山东风味独占京城鳌头的时代。其中名菜有四吃活龟、云片熊掌、三丝鱼翅、寿比南山、一鱼四吃（红烧鱼头、糖醋瓦块、酱汁中段、糟溜鱼片）和两烩鸡丝（生鸡和熏鸡，红白相映）。辞书专家刘叶秋先生当年曾作诗赞道：“四作鱼兼烩两丝，斋名致美味堪思 ”。何冀平的《天下第一楼》也曾经提到掌柜卢孟实每年过年之后都要到“致美斋”赶着去买头炉的萝卜丝饼。

后来为了扩大经营，李相祺将煤市街路西的二层楼买了下来，开辟了单间雅座，称之为“致美楼”。店铺共分为两个院子：其一是四合院式的两层楼，青砖为底，朱门两扇，并将“致美楼”的牌匾悬挂在门庭上端；另一个院子在西边，是个坐北朝南的红楼，大红的雕漆门，门里曲径通幽，一个个单间里全贴着名人字画，青砖铺地，红漆桌椅，清静舒适。有的房间用木隔扇相隔，遇有宴席便将隔扇拉开。碗、盘、碟中都印有万寿无疆的字样，再用象牙的筷子点缀其中，显示出其精美和高雅的品位。在其“集南北烹调之为表、汇御膳民食之粹”的美誉下，更是吸引八方来客，感受京城之繁华，鉴赏鲁菜之美味。

李相祺为人和善，早年在村里生活时，如果遇到有外村人来干完活没饭吃，就打发人去把他们叫到家里吃点饭喝点水，暖和好了再走。后来李相祺去京城经商时，经常帮助同乡的人，为他们介绍工作，提供食宿等。1937 年，由于妻子病故，李相祺领着儿子从京城回到西解甲庄。因路途遥远，交通不便，到达村里后，李相祺就生了一场大病。病愈后又赶上了卢沟桥事变，李相祺就住在了村里。由于离开京城时他没有想到会发生变故，随身携带的财物也不多。此后和家里人一起粗茶淡饭，心态平和，从容淡定。李文（1959 年生），李氏第十五代，在回忆起爷爷的时候，充满着对祖父的敬佩之情。“那时候俺家穷，吃什么俺爷从不挑剔。他还说钱是身外之物，要是有钱的话，兴许是福，兴许是灾难。穷就穷过，富就富过。他告诉我妈不用惦记北京那点家产，好的好吃，糙的糙吃，好吃就多吃点，不好吃就少吃点”。由于种种原因，李相祺临终前也未能再回到京城里的“致美楼”，返乡时随身带着的“致美楼”名片、账本及印章等只能作为一种记忆，睹物思情了。这再一次证明了李氏人经商不为财富所累，平淡质朴的生活态度。

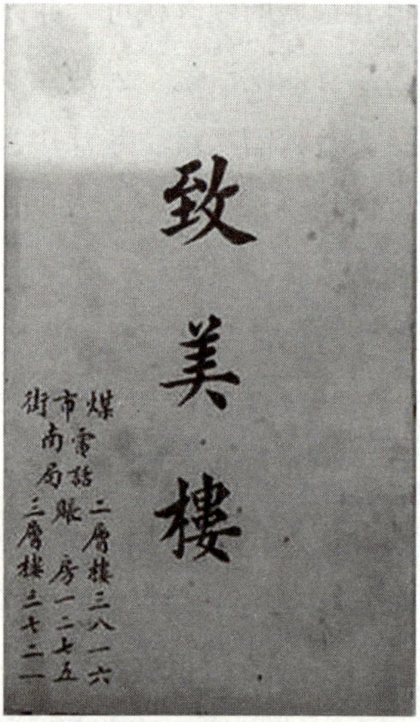

致美楼

瀛宾先生

践行仁义之道，做乐善好施的仁义之士，他就是瀛宾先生。李登先，字瀛宾，是李氏家族三份三支第十四代孙。据李氏第十五代孙李伯银（1943 年生）讲，李登先民国初期在上海做生意，主要做一些涉外买办批发进口物资的生意。由于其诚实守信、经营有方，积累了大量财富，在当时可以称为解甲庄最有钱的人。后来他将生意转到了大连，开设店铺。传承李氏家族的优良传统，他安排了许多同乡青年到他自己的店铺里去工作，并给予他们一定的食宿补助，既解决了店里人手短缺的问题，又联络了与老乡的感情。新中国成立前，他把一生全部的财产都捐给了大连的慈善机构“万字会”（红十字会的前身），并被选为大连市万字会的会长。在他担任大连万字会会长的期间，他经常资助穷人、孤儿和残疾人，为此四处奔波，到工商界好友那里募集资金和物资，从而被当地那些昔日的朋友、商人们笑称为“老要饭的”。李登先对此不以为忤，反而引以为荣。新中国成立后，80 多岁的李登先回到故乡西解甲庄生活，一直到去世。

四维八端

身居他乡，心系故里，四维八端的祖训，始终铭记在心，他就是李德海，德海集团公司创始人、董事长。

李德海（1940年生），李永绍的第十六代孙。祖父李维纲满腹经纶、擅长工书画及诗文。父亲李文卿精通诗赋词令，擅长打算盘，享有“铁算盘”的美誉。三岁时，他随父母迁到牟平县西关村定居。李德海年幼时，家里生活拮据，只能辍学帮着家里干活。1975年，他担任西关村党支部书记后，带领村民不断创新，大办工业、副业，发展商品经济，使西关村成为当时全国十大首富村之一。1996年，他推行企业资产有偿转让的产权制度改革，创造了所谓的“西关模式”“李德海效应”。如今，德海集团已成为集农、工、商、贸为一体的企业集团，旗下企业40多家，职工上万人。党和国家领导人及世界上20多个国家的友人曾先后到西关村视察，并给予高度评价。李德海拥有出色的管理才能，提出“治一村如治一国”，形成了自己一整套农村发展战略。致富以后，李德海心系故乡，出资修建村西水泥路1 000米，重修曲氏贞节牌坊，为村庄提供柴油发电机一台，出资为村庄修建加油站一座，向村庄提供一个纸箱厂的使用权，赠送轿车一辆和中型面包车一辆，面包车用于幼儿园接送孩子，邀请村民代表和党员共70余人参观西关村的厂矿企业，向幼儿园和小学捐款捐物等，帮助推动西解甲庄经济、文化、教育的发展。

“继八德为端，立勤俭之本，取本份之财，做诚信之人”，这是李氏家族的庭训，同样也是做人的标准，李德海一直将其奉为恪守的信条，从未忘记。他认为，人的健康包括身体健康和心理健康。

除此之外，还需具备交际能力，否则就不能称作是一个健康的人。而人的交际能力所体现的社交圈离不开天缘、地缘和人缘。作为李氏家族的后人，李德海深知自己的天缘、地缘和人缘与西解甲庄村紧密地联系在一起。李德海把家族的庭训理解为做人的标准，即四维八端。四维就是长、宽、高和空间，八端包括孝悌、忠信、礼义、廉耻。他用自己的人生经历来阐释这八端。孝悌，就是尊重父母，关心兄弟姊妹。“百善孝为先”，不孝顺枉为人。兄弟姊妹要关系和睦，不能因为物质上的利益而闹矛盾。忠信就是忠于国家、讲究信誉，尤其是从商之人更应重信誉。“无奸不商”是误传，“无尖不商”才是真谛，意思就是说做生意、做买卖都要给顾客留出余地，也就是说“秤平斗满，不短斤少两”。从商之人要做到货真价实、童叟无欺。礼义中的礼指的是“礼不卑庶人，刑不尊大夫”，意思就是法律面前人人平等。义就是仗义。廉耻中的廉就是两袖清风，正如老祖宗李永绍一样，为官清正廉洁。耻就是要知道违背良心的事情不要去做。四维八端的标准，作为不可逾越的戒尺，被李氏后人铭记于心，贯之于行。

作为尚书的后人，李德海义无反顾地参与到“重修尚书府，弘扬尚书文化”的活动中。作为尚书府修缮委员会前期的会长，他两次召开群众动员大会，多次召开小型工作会议，发出“为重修西解尚书府告李氏宗亲书”，呼吁李氏族人万众一心，为尚书府的修建贡献自己的力量。在他的倡议下大家热烈响应，踊跃捐款。与西解甲庄李氏同根同宗的周边东解甲庄、李家疃、林家疃、大山后村的族人和分散在全国乃至世界各地的宗亲也纷纷响应，捐款捐物。

德诚天胜

企业往往以盈利作为目的，可作为李氏第十八代孙的李波（1987 年生），烟台宏胜建筑机械施工有限公司总经理，却以“德诚天胜”为宗旨，兴办了自己的企业。

家境普通的李波在初中毕业后便做了一名挖掘机学徒，后来他发现许多建筑单位哄抬工程价格，增加了村中老百姓的负担，于是联合村中六七个同龄的年轻人，以向银行贷款和集资的形式，自筹了 100 多万元成立了烟台天胜建筑机械施工有限公司，并担任总经理一职。公司位于西解甲庄村西，占地面积约为 12.5 亩，主营道路工程建筑施工。李波说他企业的宗旨是“以德为天，以诚为信”，就是要牢记祖先的教诲，诚信做人，诚实经商。秉承着西解人崇德尚义的营商理念，加上出色的经营才智，公司规模日益增大。如今，烟台天胜建筑机械施工有限公司正式更名为宏胜，并在李波的带领下成功注册了另一新公司宏瑞。

事业处于稳步上升期后，李波并没有忘记自己的社会责任，努力以各种方式回馈社会。烟台市体委散打队的部分学生家境困难，吃不饱饭却要承受高强度的长期训练。李波听闻之后很有感触：“孩子们是未来的希望，绝对不能让孩子受苦。”自此之后，李波每年都会拿出 2 万元来资助那些贫困的学生，维持 6 名贫困学生求学过程中的日常支出。此外，李波也经常会带着新鲜的排骨、鱼肉等食物去幸福院看望老人，为老人们改善生活的同时，李波也会陪老人们聊聊天，缓解老人们的寂寞。“需要帮助的人其实不止身边这些，还有很多在世界的各个角落”，为了帮助更多需要帮助的人，李波加入了国际最大的同城狮子会慈善机构，成为烟台首批加入同城狮子会的会员。无论善事大小，能做的他都会努力去做。他以实际行动感染周围年轻的朋友们，带动大家共同走上慈善助人的幸福道路。2017年，李波被选为西解甲庄村委主任。

李波企业

七、忠德龙封

龙封号

《周易·系辞》里“地势坤，君子以厚德载物”。“德”字是涵盖了诚信、仁义等一切美好品行的道德范畴。李氏家训中也提到“立身修德”。李九龄（1777—1845），李氏第十一代，是李永绍的族孙。他靠着自己的勤奋、踏实、诚恳、守信的品格创建了龙封号，诚信的经商之道不仅赢得了皇家的赞誉，也带来了巨大的财富，这是对祖训内涵的传承和发扬。

李九龄出生在一个并不富裕的家庭，其父李钧英年早逝，遗留下年轻的妻子曲氏以及年幼的李九龄。曲氏并没有被生活的不幸所压垮，把自己尚存的爱和对未来的希望全部倾注到儿子身上，倾其所有，悉心教导李九龄做人的道理，使其成长为一个懂事的少年，年及弱冠便考中廪生。无奈家中生活境况日益窘迫，面对母亲的劳累和叹息，李九龄毅然决定放弃学业，用自己稚嫩的肩膀扛起家庭的重担。远去之日，李九龄匍匐在门前的青石板上，含着眼泪对着母亲四双八拜，决意不辜负母亲的苦心教导。他扛起半口袋炒黄豆，擦干眼泪，鼓起勇气，离开家乡，踏上了去京城的艰辛之路。

初到京城，李九龄在一家不起眼的粗杂货店里谋得一份差事。朴实的个性，勤劳的品质，使得李九龄渐渐有了稳定的收入。然而李九龄从来不在掌柜面前表现自己，所以并不讨得掌柜的欢心。有一年的中秋节前，掌柜的吩咐李九龄："李伙计，你出来的时间也不少了，你妈一个人在家也着实不容易，你回家过个节吧，陪陪你妈，多住些日子，什么时间我叫你再回来。"掌柜看似为李九龄考虑，实则是对他下逐客令，将他的全部行李都丢出门外后快速地关上大门。李九龄只好扛起了铺盖，正准备离开时，他忽然发现西北方向天空中乌云滚滚，暴风骤雨即将来临，没多想他便急急忙忙地敲门。掌柜的出门一看是他，面色怏怏地说道："李伙计，怎么还没走？""掌柜的，天要下雨了，我知道后院还有几大缸腌菜没盖，我去盖上就走。"说罢，李九龄便跑到后院，麻利地盖好菜缸，出门扛起行李便要离去。掌柜的被他的这种诚实真挚的行为打动，暗自悔恨自己平日失察而错怪了好人，急忙走上前去拦住李九龄，脸上露出了笑意："李伙计，你看咱商量一下好不好，今年你就不要回去了，等明年有了闲空，咱们再凑个时间回家看望娘亲，好不好？"

多年之后，经过百般磨砺的李九龄已经不再是当年那个不谙世事的小伙计了，出色的经商能力使他操纵起业务得心应手，其诚信与厚道得到大家的赞誉。一天，铺子里面来了一位不同寻常的客人。他走走逛逛，像是在店铺里四处考察一般。经过细致观察，见李九龄人品才干都好，便试探地问道："李先生，像你这样的人才，为什么不自己开一家店铺呢？"李九龄诚实地回答："其实我也想有一家属于自己的店铺，只是咱自己没有本钱哪！"客人听闻后，激动地站起身来，走到李九龄面前，把手搭在他的肩上说道："那么，就由我来出本钱，你来经营，咱俩获利平分如何？"原来，这位客人竟是一位皇亲贵胄，由此，李九龄获得了兴办生意的资金支持。他们共同合作开办了一个旨在负责供应皇宫内廷粮食为主打产品的“龙封”商号。

经过悉心经营，龙封商铺的生意蒸蒸日上，规模逐步壮大。聪慧的李九龄凭借诚信为商的经营之道，赢得了皇家的高度赞誉。此后，李九龄抓住了经营期间几次大的机遇，据说他曾经在一天之内开张了四家当铺，可见其雄厚实力和善于经商之道。

依靠龙封号滚滚财源，李九龄回到西解甲庄，修建了大片的府邸。据村里老人讲，当年李九龄回家乡盖造房屋的时候，光是运钱的马车便有十几辆，绵延于道，从西解甲庄排到了5里路以外的沟头店。其府邸紧邻尚书府的中央三角地带，规模宏大，带有北方官宅的建筑风格，其每栋房屋的占地面积虽不及尚书府，但无论是在用料、设计、装饰，还是在建筑风格上都相当的考究。当时共建造房屋150多间，占地面积1公顷有余，包括祠堂一排，东邻一排，西邻两排，其中有一栋小楼，还有李丕钦家屋后两栋大房子。有的房屋后来被拆除或者重建，现在村民李修纯的房子是建在那栋小楼的位置上，所以提起他们家，人们都说是楼底下的。虽经历近300年风雨，大约还有20间房依然保持着精致的面貌，这不得不让人感叹西解先人们的智慧。

清朝时期，官员起造房屋、出行、穿衣、营建坟墓都与其职衔有相应的规章制度，称之为“制”，等级森严，任何人不得违反“制”。违反“制”是犯重罪，甚至于“谋反”，府、州、县基层官员都有纠察执法的责任。由于李九龄捐了一个官阶从正四品的昭武都尉、朝议大夫官职，所以故居的建筑是北方官宅风格。

造房的工匠都是专门从京城请来的。他买下了尚书次子李师沆留下的十三檩大房，并且以此为基准，东西五道大院依次排列，每一个大院里面又有南北各五套跨院，西侧第二大院里建有一幢两层小楼，其余正房均为正脊、硬山、五檩、七檩、九檩，前后出厦大房。七檩以上均有团拄，雕梁画栋，屋顶有脊兽排列。大门口的门墩上有石鼓，大门前有石狮，大门里面有四喜门楼，甬路回廊相连。院里植有木瓜、石榴、玉兰等等名贵树木。每一个大院房屋均处在同轴线上，如果中门同时打开，前面可以看见小河，后边可以通至大街。

建造房屋所用的木材有的是从东北地区用船运来的海木，有的是从莱山夹河边采伐的优质木材。很多石料是从南方专门运来的，砌墙所用的石材也有从文登昆嵛山区买来的。砖瓦和脊兽构件都是在村东建窑取土烧造出来的。据说，当时屋顶上的小兽都烧制得比较大，龙头格外大，老百姓对这些龙头印象深刻。“两个龙头可大可大了”“可惜的是，在‘文革’时期都被砸了”“当年建窑的地方已经填埋了”。人们谈起的时候既有自豪感，也非常痛惜。

据老人们讲，当时的整座建筑群由南向北，每个庭院，每个角落，都会发现不一样的风景。最南边是一个南厢房，一共是 7 间，大门口面向小河（穿心河），第二间房子处作为房子的大门。院落内，坐北朝南一共四栋房子，最北边一栋为七间房子。除第二栋外，其余都作为主人的房间。第二栋即为现在的祠堂，据说当时是会客的客屋。

从南边大门一进入，迎面是一面照壁。一般来说，照壁分为上中下三个部分和下面的壁座。壁顶为硬山形式，面积不大，上面铺筒瓦，中央有屋脊，正脊两端有正吻，垂脊两端有小兽，四角一样有起翘，具有屋顶一样的各种部件与装饰。壁身部分是照壁的主体，它占据整座照壁的绝大部分，是照壁进行装饰的主要部位。一般的壁身都是砌出框架，框芯表面用一尺见方的方砖或琉璃砖斜身45度铺砌，中心和四角可有琉璃或砖雕成的吉祥词语或花卉，如“福”字、“寿”字，或花鸟动物，寓意吉祥。壁座部分是整体照壁的基座，它们多采用须弥座或者其他的变异形式。

与照壁相连的是一道院墙，这道院墙将这个院子分为南北两部分，南面为一个长方形的院子，而北面为一个方形的小院，照壁东侧有一院墙，上有一通往东面的小门。

沿着院墙往西走，就会看到一个四孔门楼，也就是垂花门。这个门楼门口放着一对小石狮子的门鼓石。从四孔门楼往北、东进入北院，东西各有一厢房，都是三间，前檐出厦，屋脊上有小兽。四孔门楼沿着一条石板甬道直通祠堂大门。西厢房门口有一棵枝繁叶茂的木瓜树，上面每年都结出硕果累累的木瓜。

东厢房的后院墙与祠堂的边线平齐，南与院墙相连，北边与祠堂间有一个小门，在东厢房门口有一棵亭亭玉立的玉兰树。花开时节，粉色的花朵像云霞绽放在枝头，奇特的香味飘散在四周，让村民至今记忆深刻。

北边入口处有一门楼，砖木混合结构，往南还有一个四孔门楼，四孔门楼长约3米，门槛外坡就有小石狮子，约30厘米，与上一个相同，开北门和东门，走进院落后，就能看到幽深、庄严的一条胡同，两边是高大的房子，一条石板甬道直通祠堂方向。

祠堂东边现在的边房处，原来是一个小门，通往后面的院落，出了这个小门往北走，迎面是一个小的砖瓦做成的小照壁，照壁四周是用砖磨成的长条砌成长方形的边，上面有顶，顶上有脊。沿小门往西，从南门可进入第二个院子，两边各有一厢房，前出厦。第二个院子正房五间，与祠堂结构相同，在房子的西边有一扇通往西边院子的门。

第三个院落就是有十三檩的房子，东西各有一间厢房，东厢房的后面与十三檩的东边沿是对齐的，在东边靠近十三檩的位置有一个小门。整个院子格局方正、严密。

第四个院子就是从北门进入时的第一个院子。北边一排七间大房，两边各有东西厢房，各三间。十三檩正屋房间有后门，可以通往第四个院落，只是与第四个院落的院墙门不直接相对，四院墙的院墙门往西错开了一些。第四个院子东边开门。

李九龄建造的这些房屋在土地改革以前大都是他后代居住，后来由于家道没落，部分房屋产权发生改变，比如祠堂和十三檩由李氏族人以50亩地置换归村里。在20世纪50年代，祠堂和十三檩被作为教室和办公室，主要是高年级学生就读，人们称之为“西解完小本校”，一共是9个教室。祠堂西面几栋房也卖给了别人，东邻一排李明熙的房子是后买的。

为了重振家风，教育和影响后人，李氏族人一直为包括祠堂、十三檩等村里重要标志性建筑物的修复而积极努力。

李九龄故居（1）

李九龄故居（2）

十三檩

在西解甲庄，有一栋别具一格的老房子，被当地老百姓称作“大房子”“十三檩”。与常有游客慕名而至的李氏祠堂相比，这座外观其貌不扬的老房子，体量比李氏祠堂更大，只是常年大门紧锁，显得寂寞低调。

简朴是人们对十三檩外观的第一印象。一座普普通通的硬山抬梁式建筑，四块比较薄的挑檐石，山墙上部分用摆砌不甚讲究的青砖搭建而成，山墙下部分则就地取材用当地山上产的随形黄石铺砌而成。据村里李修纯老人介绍，此房为李永绍在做盛京工部侍郎期间，由其子武进士李师沆修建而成（后来被李永绍的后人卖给了李九龄），距今已有将近300年的历史。李永绍在历史上有清官之誉，这房子与其主人的声名倒也相符。

然而，如果再仔细看看，不难发现其细节处的精巧。探出墙外的博风（也作博缝）头形态多样，有的雕刻成“卐”字符，有的则雕刻成铜钱的模样，而四角的墀砖则雕刻了篆书体“福、寿、康、宁”四字，寄予了人们对幸福生活的憧憬。视线沿着博风头一路上移，精巧绝伦的垂脊便呈现眼前了。整个正脊和四条垂脊由大型的卷草纹空心砖组成，屋面由仰合瓦搭建，缠枝纹则为如意滴水。如此一来，整个屋子的风韵便被点缀出来。

如果进入十三檩，则是另一番天地了。整个屋里空间阔大，气度非凡，乃典型的北京官式做法。封建社会等级森严，建筑亦是如此，规格既要体现身份，又不能僭越等级制度。据烟台市民俗专家、山东省民俗学会会员解焕新介绍，该建筑内部为抬梁式五架梁，带前后廊。主要的梁放在前后两金柱上，梁的长短随进深定，由这根梁上用两短柱或短墩又支一根较短的梁，或在上再支成梁架，最下一层最长一根梁称大柁，次级较短一根称二柁。其五架梁的大体量（七架梁之上的九架梁多用在寺庙、皇宫宫殿等大型建筑）、叉手构造（叉手是支撑在侏儒柱两侧的斜杆，用以固定背槫，托起檩条的两块木头，因其形状犹如侍者叉手而立，故名）的保留，在胶东民间实属罕见。八根檐柱八根金柱，比前面李氏祠堂的大五架梁结构多了抱头梁和穿插枋。整个屋顶为砌上露明造，望砖（民间又称“砖笆”）打磨工细，实乃建筑中的精品。

随着时间的推移，房子的住户和用途也几经变化。该房子的最后住户是李九龄的后代子孙李长椿一家，后来因为土地改革，该房子被租给解甲庄公社作为粮库使用。其间，为了扩大房屋使用面积，房子前后出厦的空间皆用石墙砌进屋里。出于防潮考虑，屋里地面抬高，墙面梁架等全部涂刷白石灰。改动了原本的模样。但此建筑除了鸱吻脊兽在“文革”中被毁外，其他珍贵的物件保存完好。在李氏族人和社会各界的努力下，十三檩的修复工作也已被列入日程。

曲氏牌坊

西解甲庄曲氏贞节牌坊位于村庄东部，也是村里的重要标志性建筑物之一。原牌坊建于清代道光十四年，是为了表彰西解甲庄李氏十世祖李钧之妻曲氏而建。李钧（朝议大夫、昭武都尉李九龄养父），生于乾隆十四年，卒于乾隆三十九年，享年 26 岁，曾昭封为“昭武都尉”。其妻曲氏是高陵镇潘格庄人，为清代处士曲树文的女儿，守寡时年仅 24 岁。其时，曲氏上有翁姑，下有幼女，每日殷勤伺候全家饮食起居，细致入微，从不懈怠。虽然尚未到而立之年，但钟爱夫君的心丝毫未变，真凛若霜，心比冰清、比玉洁。曲氏苦守门庭 57 年，一心伺候公公和婆婆，抚养女儿，尽孝尽责。

李九龄在京城做生意发家、又捐从四品官后，由皇上御批为其寡母曲氏建坊，旌表曲氏之志。在当时，此牌坊有很高的地位。凡路过牌坊的大小官员，都必须“文官下轿，武官下马”。

在 20 世纪 50 年代，西解甲庄作为解甲庄镇粮食储存和兵营驻防的重要场所，来往的汽车、卡车等大型交通工具较多，但旧牌坊只能容一辆马车通过，尺寸过小，给交通运输带来不便，加上时间久远，牌坊建筑卯榫接口等部位出现断裂，形成安全隐患，所以旧牌坊被拆除。

20 世纪 80 年代左右，德海集团董事长李德海去韩国访问，在此期间，偶遇村中李姓后代，他们提到家乡标志性建筑之一的曲氏牌坊，遗憾的是旧牌坊已经被拆除，所以他们商讨共同出资建设一座新牌坊。1993 年，由李德海负责在西解甲庄东街口重修曲氏贞节牌坊一座。新牌坊为三门四柱型结构，以青石为料，中门高 8 米，宽 6 米左右，旁门高 7 米，宽 4 米左右。每根石柱柱脚有二龙相拱，石柱基座长 170 厘米，宽 60 厘米左右。中门上端正中雕刻“聖旨牌”，牌面有双龙相对，环卫“聖旨”二字。中门与旁门上角处雕刻着四只小石狮，雕工细致。中门横梁正面自右而左写着：“旌表李钧妻曲氏節孝坊”。右旁门刻着“德重”二字，左旁门刻着“金玉”二字。背面相对应的位置刻着“撫孤守節奉聖旨建坊旌”，左刻“冷似”，右刻“冰霜”。正中两石柱前 60 厘米处各有一石狮子立于方形石基座上。方形基座四周都有花样纹饰，石柱上部各有一个石狮子，威武雄壮，气度不凡。

在西解，除了曲氏的故事外，还流传着其他李氏家族女儿和媳妇的贞节故事。

李氏家族中武庠生李锝祚的女儿是一个才华横溢的女子，嫁在文登邓家泊子，夫婿是监生邓大业。夫妻相守五年，伉俪情深。不料，祸从天降，邓大业一病不起，驾鹤西去。李锝祚的女儿悲痛欲绝，决意随丈夫而去。但是家中还有一些大事未完成，并且她的母亲劝她要守贞节孝义，所以她暂时放弃追随丈夫而去的想法。自作悼诗一首：“五载于归失所天，一丝残喘苦中延。柱项自此悲终古，海誓尽教忆往年。难理寒機留贻燕，空挥血泪染啼鹃。红丝繫就冤冤债，石爛山移那许遷！”等到她料理完公公婆婆的后事以及子女婚嫁事情以后，又得到了母亲去世的消息，作绝命诗后自缢身亡。“媳贤儿孝苦流连，迟我归期 200 天。视死如归归不得，其中神鬼有机缘。立志从夫 20 年，秉心愿继女中贤，于今大事皆完毕，含笑归泉不愧天！”

李铭义的母亲石学芝是石家疃人，22 岁时嫁到李家。李家前期开办油坊，生意兴隆。但后来因为李家，包括李铭义的奶奶、大爷、父亲三人都吸食大烟（人们熟知的三支大烟枪），家庭日益败落。在李铭义还不满周岁的时候（其母亲才 30 岁），父亲就去世了，哥哥 4 岁、姐姐 2 岁时也都夭折了。面对家庭的种种变故，母亲坚强地守护着家里的老老少少，在拮据的生活条件下把他抚养长大。

与原贞节牌坊旧址相对的，便是锁郎门。锁郎门坐落在村中大街的西面坡处，是青砖青瓦独门的一个大门楼，横跨大路的两端。大门高 3 米左右，约与旁边的房屋相齐，门楼顶部屋脊曾有各种精美的脊兽。锁郎门的设计别具寓意，因为如果从远处看，门楼正好锁住了整条街，也锁住了村庄的西头。据村里的老人们讲，此番设计主要是为了与贞节牌坊相对应起来，锁住村里的男丁。因为村里有牌坊尤其是贞节牌坊，人们认为对自家尤其是结婚的新人不利，所以结婚时都避开牌坊。虽然有的人觉得此建筑带有封建迷信的观念，但细细想来，西解甲庄人自古重视家庭亲情，锁郎门正体现了人们对于美好家庭生活的向往。

可惜的是，锁郎门建立时间已经不可考证，且该建筑因年久失修，为安全起见，20 世纪 50 年代已被拆除。

奉天诰命匾

在西解甲庄民俗馆里，有一块奉天诰命匾。奉天诰命匾的大致内容如下：诰赠昭武都尉候选都司、貤封朝议大夫候选同知加一级李九龄；诰赠、貤赠恭人曲氏；诰封太恭人王氏；诰授昭武都尉候选都司李遹、诰授朝议大夫钦加运同衔候选同知加一级李萼馥。

多年来，村民一直认为这匾是道光十年赐给李九龄的。该匾曾被放置于李氏祠堂，每逢祭祖等重大节日，李氏宗族都会敬拜。后来，祭祖活动停止，匾被放在磨坊做了切面的案板，磨坊倒了以后，它流落到村里机械加工厂，被堆满了杂品。后来村民清理上面的杂品时发现匾上有字，就找到村民李玉平，李玉平看后，认为这是有价值的东西，应该好好保存下来。匾后来被放到了大队仓库里，又被村书记李崇宁（1963 年生）送到了村委民俗馆保存。

由于年代久远，历时较长，部分字迹也难以辨认。经过中国农业大学烟台研究院文化研究中心团队成员多方调研和文献记录等资料查阅，了解到封、赠是清代政府给予官员的直系亲属一种褒奖的制度，即官员高、曾、祖、父（含同级的配偶）、妻授予和官员现任官阶相匹配的封号。生前给予称号的称“封”，死后给予封号的称“赠”，给予官员本人的荣誉官阶称“授”。五品以上称“诰封”或“诰赠”，六品以下称“敕封”。妇女的封号相同。经过分析认为，匾御赐时间和相应故事虽已不可考，但有两点可以确定：

一是道光十年御赐的时间是错误的。根据族谱记载，李遹的出生时间为道光辛丑年（1841 年），道光十年（1831 年）他还没有出生，名字绝对不可能出现在匾上。

二是匾不是赐给李九龄的，当时李九龄应该是已经去世了。根据清制，死后给予封号的称“赠”。诰赠说明李九龄当时已经去世。

岁月在牌匾上烙下了深深的痕迹，时光荏苒，即使隔着百年的时空，当面对它时，仍然能感受到来自心底的那份西解甲庄人的骄傲。

八、谦益为民

谦益堂

珍爱生命，关爱健康。从百年中医堂到赤脚医生再到个人诊所，从散发着悠悠药草香的草纸药包到现在一排排中成药、西药药盒和药瓶。时代在变迁，就医方式也在改变。

新中国成立前，村民们偏爱在村里看病就医，药费自付。村里面曾有两家专门药房，一家是后街的谦益堂，由中医李晋谦（村民喜欢称之为民先生）坐堂；另一家是小南街李树堂开的只卖药而不设坐堂医生的天沛堂。还有一家是坐落于北街的二层小楼，由李思乐的父亲李春华所开的主营食品兼卖中草药的万锦堂。冬日寒风呼啸，药堂里暖暖的寒暄驱走了求药者的寒意。夏日骄阳似火，一杯清凉的药茶下肚，神清气爽。西解甲庄的药房，为人们求医祛病提供了便利。

历史在演进，但老一辈治病救人的医术却在这里沉淀下来。西解甲庄的中医大多采用传统的“望、闻、问、切”的诊测方法为就医者看病，针灸、推拿、拔火罐等是常用的治疗手段。一个个精致的药箱中，盛放着制作精良的药丸、汤剂等口服药，它们大多是西解甲庄的医师在药房自制的，廉价而颇有奇效。

20世纪60年代，为响应毛主席关于“把医疗卫生工作的重点放到农村去”的伟大号召，村卫生所建立，卫生员产生。因为卫生员既要行医，又要参加生产劳动，于是便出现了这样的一群人：他们衣着朴素，手提木箱，游走于各家各院，驻足于大街小巷。一盒普通药片、一个玻璃针筒、几块纱布、一卷白胶布以及一个听诊器，是他们木箱里妙手回春的“法宝”。哪里有需要，哪里就有他们的身影。风里雨里，他们随叫随到。娴熟的技术，热心服务的敬业精神，曾一度被村民广为称道，备受敬重。他们有一个公共的名字，就是“赤脚医生”。村民李滋葶、李乃群、宋立芹、刘淑芳、刘文英、李延春都曾担任过村里的“赤脚医生”。时代在进步，社会的需要也在发生着变化。80年代初期，村庄不再配备“赤脚医生”。原先的“赤脚医生”在取得行医资格后，开设自己的诊所，对村民实行有偿服务。

现在村里，人们比较熟知的诊所有两处：一处是李乃群（1951年生）开的，另一处是宋立芹（1956年生）开的。李乃群凭借认真负责的行医精神与高超的医术，已成为西解甲庄医者的典型代表。李乃群从1970年开始在村里当“赤脚医生”，1996年开设了自己的诊所。最厉害的是他的一手绝活，那就是能够判断病重的老人是否行将离世。他心地善良，村里有白事需要帮忙，他从不推辞，亲自为老人穿寿衣，帮忙殡葬等，因此他的诊所在西解甲庄颇具名气。

宋立芹是临沂人，结婚前由村里推荐外出学医两年多，后回村行医。1980年她嫁到西解甲庄以后，担任“赤脚医生”。自90年代后一直在村里卫生所任职。

村诊所

民 先 生

民先生，名李晋谦（1880 年生），号益轩。他面庞白净，心地善良，人们亲切地称他为民先生（人民的医生、老百姓的医生）。

民先生自幼聪明好学，6 岁开始读书，为了考科举在西解甲庄读了 10 年私塾，一直名列前茅，当时被大家公认为科举考试最有希望的学生。但因赶上了戊戌变法，科举考试被废除，他仕途不成。因其学业扎实，他被外村聘去教私塾。民先生在教了 10 年私塾后，又遇上了整个国家废除私塾教育兴新学堂（现在的教育制度），他就回到西解甲庄。民先生的叔伯李毓隐是位家传中医先生，他觉得民先生读书多年，回来务农太可惜，加上自己年事已高，李毓隐先生便决定让他做帮手，并随时传授给他医术。民先生是位自强不息，善于刻苦学习的人。他很快掌握了医术，并在 20 世纪 30 年代初通过了牟平县考试，取得了牟平县颁发的行医执照，成为一位正式的医生。李毓隐先生在世时，他们一起行医共事。李晋谦成为一位优秀的中医，李毓隐先生感到非常高兴和欣慰，将医书、资料、药柜、药品、制药器具等全部交给了他。之后，民先生开了药铺“谦益堂”。据他的孙子李克恭（1937 年生）回忆，自他记事起，便见民先生天天在药铺坐堂，行医生涯有 30 多年。

谈起民先生，村民们首先想到的是他高明的医术。村民们要看病，民先生便会骑着那只大家都早已熟悉的小毛驴奔赴村民家中亲自坐诊，周围的十里八村都有他小毛驴的足迹。民先生擅长妇科，并且在这一方面有一个绝活，怀孕 4 个月的孕妇找他去看，民先生就能准确地判断出腹中胎儿是男孩还是女孩。民先生还会治疗不孕不育，给很多不孕者送来福音。一对接近中年的夫妇，因不孕到民先生处求医。民先生根据脉相诊断，吃药的时间要稍长些，并且药方要随时调整，不能中间停药。问到花费，民先生说大约 200 斤苞米。患者说当时拿不出来，能否在秋收后卖粮再付药费，民先生毫不迟疑地就应允了。后来没等付药费，患者就怀孕了，后生下一个健康的男孩。为了答谢民先生，村民让孩子认他为干爹。由此，民先生有好多干儿子、干女儿。民先生的绝活，是村里人茶余饭后津津乐道的话题。每提及此，村民们都自发地竖起大拇指以表敬意。

民先生心地善良，待人和蔼，平时小灾小病，三五味药的，例如生化汤四消饮，一般不收钱。如果有遇到天灾人祸或者家境贫寒拿不出医药费的村民，民先生也会毫不犹豫地免费诊治。遇到行动不便的病人，他就到病人家里去看病。其孙子李克恭（1938 年生）回忆道："记得 1946 年春天，当时我只有七八岁。一天吃过早饭，祖父领着我步行了 30 多里路到病人家看病。病人是位男性老人。看完病，吃过午饭，再回解甲庄就很晚了。那儿离烟台大约 18 里路，祖父便决去烟台叔叔家住下，第二天顺便到烟台北大街生生堂大药房购些药，按现在的说法生生堂是个很正规的药房，质量信得过，很有信誉。"第二天，他们祖孙三代四人（民先生、李克恭的父亲、叔叔和李克恭）在烟台锦章照相馆的留念保留下了民先生匆忙的身影，也记录下了民先生辛苦行医的动人故事。以治病救人为第一准则，对所有的病人都一视同仁。不分贫富贵贱，也不论官职大小，老先生用精湛的医术和爱心赢得了人们对他的尊敬。

李克恭还回忆说："新中国成立前，时局很乱，经常打仗，家乡有很多八路军在开展游击活动，主要在南山（大山后、小山后）附近。每当部队里的士兵生病或受伤时，就会有人来通知祖父，祖父带药品上山治疗，有时也有穿便装（老百姓）的士兵偷偷来家里找祖父诊治。所有的诊治都是免费的，因为当时八路军很困难。我们家族近亲中有三位是八路军。祖父救治了不少八路军伤病员，尽了一位普通医生的责任，为当地的解放事业尽了他的责任和义务。”

孙子李克勤也讲了祖父的几件往事。“祖父总是愿意替别人着想。记得有一次祖父外出在大街上碰到一个外乡人，没穿上衣，他很不忍心，因为天气已冷，祖父便脱掉自己的外衣，送给那个人穿上，自己回家再找了一件衣服穿上出门办事。”“记得有一次大约1955年秋收，家里请短工帮助秋收（付工费）并要管饭，那天奶奶和二婶给他们包水饺吃，给爷爷包的那份肉多，雇工那份肉少。爷爷发现后，非常生气，狠狠批评奶奶和二婶，祖父主动把自己那份肉多的让给雇工吃，自己吃了那份肉少的水饺。只要有人来请祖父出诊看病，只要家里没有前来就诊的患者，祖父都会在第一时间赶到患者家中。记得一次有人请祖父出诊，祖父才刚开始吃饭，但当听到有人需要医治，他放下饭碗马上随患者家人先去看病人。他真是做到了废寝忘食。”

“50年代抗美援朝期间，我祖父捐献了10万元（当时的币制），投入到飞机大炮等武器的募捐中，还捐了些家族的字画、书法。县里派了个胶轮车，前面骡子拉着的地盘车拉走了一车，并受到了县里的嘉奖。与许多同时代的人相比祖父是一位非常爱国的开明人士。”

其孙子李克宽补充说：“我1986年出差路过牟平，回西解甲庄老家看望小叔一家。当时与小叔聊天时来了一位外村老乡，来找民先生。说他家人让他来找的，并说只有找到民先生能治他家人的病。当时小叔告诉来人，民先生已于20多年前去世了。”

晚年的民先生半身不遂，身体不便，但他依然坚持坐在炕上为大家把脉开药方。这一坐又是许多年，直到1962年先生去世，享年80岁。

一提到民先生，西解人心里就暖暖的。村民们常说，民先生平易近人，乐于行善，是人们的医生，是大家的朋友。他是一位平凡的人，但一直做着不平凡的事。民先生的后人这样说：“作为先生的晚辈，我们感到无比的自豪和骄傲。先生没有给我们留下什么财产，但他给我们留下了无比珍贵的精神财富。他虽然是一名普通的医生，但他高尚的行医品格和崇高的思想境界是我们后代需要学习和铭记的。”

民先生及家人

八一生

在西解甲庄，还有一位医生让人记忆深刻，他的名字叫李滋后，因八月一日出生，故小名为八一生。

能医能武的他，不靠别的，仅靠一双手，有起死回生的本事。他的故事，让西解甲庄的村民口口相传，老先生的绝活便是推拿。娴熟的手法加上恰到好处的拿捏，不仅有舒筋通络、理筋整复、行气活血的功效，更有神奇的治疗效果。需推拿的患者年龄不限，但尤以小孩居多。不论多么严重的病情，经他推拿后便会奏效。村民李明鉴的儿子 12 岁因为肠胃不好拉肚子，人虚脱得几乎不行了，八一生用一个小时就给推拿治好了。有个孩子病得很重，连医院都说没救了，而经他之手就给治好了。村民们对老先生敬重有加，村里的孩子们一旦生病，经常不去医院而去找八一生。

如果时光倒流，走在熙熙攘攘的西解甲庄小巷，村民们对老先生的称赞声会不绝于耳，但难以寻觅老先生的店铺，这也正是老先生的独特之处。老先生没有店铺，也没有牌号，而在家里接客诊疗。没有诊所的原因不是因为先生没钱，也不是因为先生年事已高，而是因为先生根本不以看病推拿为生。先生为村民们免费行医，生计全由其儿子维持。也正因如此，先生无偿为村民们看病的善行流传四方，成为一代佳话。

先生行医时从来都是一丝不苟。窗明几净的房舍内，先生指尖一起一落地跳动着。时而拇指垂直地按压患者的某个部位，兼以全腕颤动；时而又做轻微的旋转活动的揉拿。每一个手法，每一个点位都要准确而细致，这是先生治病救人的准则。

先生不仅有精湛的医术，而且功夫也相当了得。有一个流传已久的小故事：在“文化大革命”期间，先生站在八仙桌上被批斗，身后有人用脚踹他，结果他没被踹下来，反而把人家弹回去了，人们推断老先生的推拿绝活与厉害的手脚功夫有关。

先生不仅会武，而且能文。先生情趣高雅，清贫乐道不羁于世俗，尤爱花草自然之物，更写得一手漂亮潇洒的毛笔字。先生有着极高的文化修养和超然洒脱的精神风貌，赢得了村里人不少文化人的敬佩和欣赏。

由于历史原因，老先生后来移居外地，再杳无消息。村里的老一辈们，每每提及他，都难以抑制住激动的心情。“不知道老先生现在怎么样了，如果老先生有个传授绝活的徒弟就好了，”村民们这样叹息道。

九、红色记忆

在建党近百年波澜壮阔的历史进程中，中国共产党取得了无与伦比的成就，谱写了中华民族发展史上的壮丽画卷，为中华民族做出了伟大历史贡献。一系列重大革命历史事件、一个个为国献身的民族英雄，将永远留存于国人记忆的长河里。红色记忆，泛指 20 世纪中国共产党的成长史，伴随着中国新旧更替与民族复兴，记录于史书与影像材料，保留在人们的脑海里的记忆。其中抗日战争、解放战争以及新中国的建设时期更是中华民族巨变的见证，那是波澜壮阔激情燃烧的岁月，民族危亡之际红色的星星之火最终燃遍神州大地。随着时光的流逝，这些红色故事已成为历史，但他们为国为民而献身的革命精神将永远铭刻在人们心中。

胶东是著名的革命老区。在这片有着光荣革命历史的土地上，留下了无数革命先辈浴血奋战的足迹，而西解甲庄是他们的杰出代表，这里曾经涌现出一批为革命抛头颅、洒热血的人民英雄和在省、部级单位任职的人员。他们是：中共热河省土改工作队队长李希尧；山东省国际海运公司史志办公室主任李绪厚；在外交部任职的李鹤田；在八机部任职的李方熙；全国农业机械化办公室主任李振玉；福建省农业厅厅长李奎元；胜利油田副总指挥李人学；福建人武部李宽；铁道部规划小组成员的李学荣；留美留苏博士教授李学田等。

在对西解甲庄诸多老人的采访中，我们深刻地感受到峥嵘岁月里朴实的红色记忆承载了太多的风风雨雨，我们要记录这里的红色记忆，给我们以信念和力量，使民族根益深，民族魂愈雄。

老法院

在那个灾难深重的黑暗年代，有一群为了人民解放事业而追求真理的革命斗士。他们不曾顾及自己的生命，在白色恐怖中同强大的敌人做着不屈不挠的斗争。从西解甲庄走出来的李明声就是他们当中光荣的一员。

李明声，原名李晋修，1918 年 7 月 24 日生，2014 年 12 月 30 日因心脏衰竭病逝，享年 97 岁。曾任四野第四十军一一九师三五六团政治部主任，中国政法大学毕业，后为黄县法院第一任院长。李明声戎马一生，经历大小战役数十次，著名的如四战四平、黑山阻击战、辽沈战役、渡江战役、西南战役、解放海南岛、抗美援朝等，迭立功勋，官职处级。妻子王德英，夫妻两人共育四子，长子滋和、次子滋平、三子滋永、四子滋发。访谈中长子李滋和（1956 年生）非常遗憾地告诉我们，关于他的父亲，现在保留下的东西只有一张照片。回首往事，父亲的经历与故事依然深深地印在他的脑海。访谈中他记忆的大门一点点向我们敞开，我们有幸记录了英雄李明声的故事。

李明声生前是一位战功卓著的英雄，出于对他的敬慕，西解甲庄村民从来不直呼他的名字，代之以他曾经的职务作为尊称。随着岁月慢慢地逝去，名字似乎被淡忘掉了，相反，“老法院”这个响亮的名字却变得家喻户晓人人皆知。

李明声年轻时为了贴补家用不得不离开家乡去大连红房子打工。红房子在那个时代非常有名，是日本人建的，汇聚了来自全国各地的劳工。红房子这个地方也是共产党人的地下活动场所。当时李明声是个码头工人，在党组织的宣传和引导下，他加入了东北民主联军，从此走上了革命的道路。

东北民主联军又称东北野战军，是中国人民解放军第四野战军的基础。1947 年东北民主联军已发展到了 9 个纵队 27 个师共计 29 万人。李明声所在的部队正是东北民主联军第三纵队，司令员韩先楚、政委罗舜初。三纵队 1946 年 1 月正式组建后就是东北民主联军的主力部队，那是一支响当当的主力部队，战辽阳、打本溪、四保临江、四战四平、克义县、攻锦州、会战辽西、功勋卓著。渡江战役时，李明声任中国人民解放军第 40 军 119 师 356 团某连政治部主任。该团是冀东军区的老部队，曾配合苏军攻克山海关，也是最先进入东北的部队，战斗力很强，是军、师主力团。他经历过著名的“辽沈战役”“平津战役”“衡宝战役”“解放海南岛战役”。

在战火连天的硝烟中，几乎都有李明声浴血奋战的身影。1946 年 4 月的四平保卫战中，李明声是一个重机枪射手，一场惨烈的战斗下来，他发射了几万发子弹，打坏好几挺重机枪。李明声曾说过，在夺取敌人占领的建筑物时候，对方正面火力太猛，久攻不下，他架起重机枪对着侧方砖石结构的墙体一阵射击，用子弹在墙体上打开了一个小洞，让自己的战友钻过去，消灭了负隅顽抗的敌人。同年 11 月，李明声随部队参加临江战役，“四保临江”战役的伟大胜利，使我军在东北战场上由战略防御转为战略反攻，从而拉开辽沈战役的序幕。辽沈战役时，李明声所在的部队改编为四野的四十军，并担任主攻任务。1948 年 10 月辽沈战役期间，他随部队参与著名的黑山阻击战。黑山阻击战是中国解放战争中辽沈战役期间，发生在辽西黑山、大虎山的中华民国国军与东北人民解放军之间的一场战斗，为东北野战军在辽沈战役第二阶段辽西之战中歼灭国军第 9 兵团创造了有利条件。阻击战斗异常惨烈，一次战斗后原本四四编制的营（较三三编制增加 1 个机炮连，约 350 人）战后仅仅剩下了最后的 8 个战士，正面部队伤亡九成以上，李明声就是那幸存者之一。据李滋和回忆，他父亲印象最深的是营炊事员的痛哭，为战友做了一锅热腾腾的饭菜，而战友们却再也吃不上了。

后来李明声随部队参加了平津战役、渡江战役，突破国民党重兵把守的长江天险，解放了华中重镇武汉。在渡江战役中还有一个小故事：李明声当时任连队政治部主任，在战争中有个大学生新兵第一次上战场，被惨烈的战争场面竟然吓得尿了裤子。指导员大怒，呵斥其扰乱军心，准备当场枪毙他以整军纪，在这时李明声救下了这个大学生。新中国成立后，这个大学生调入空军，后来成了师级干部，还曾专门写信感谢李明声当年的指导与恩情。

1949 年 10 月，李明声随四野部队协助二野突破川黔线解放大西南，西南战役是解放战争史上歼敌最多的一次战役，彻底粉碎了蒋介石集团盘踞西南、卷土重来的企图。1950 年 4 月，李明声随人民解放军强渡琼州海峡，发起海南岛战役。海南岛战役，是 1950 年 3～5 月发生于广东至海南岛的一场战役，也是国共内战最后一场主要战役。老人清楚地记得，战场上多次与死神擦肩而过，这场战役中唯一牺牲的师级干部，炮弹离李明声也只有不到 30 米的距离。雷州半岛上他们做着解放海南岛最后的准备，没有轮船，他们就把汽车发动机拆下来，安装到木帆船上，老人称其为机帆船。没有军舰，他们就把山炮、夜炮架在机帆船的木甲板上。就靠这样的装备，打败了国民党的第三舰队，突破了固若金汤的伯陵防线，把胜利的旗帜插到了海南岛上。

1950 年 10 月，李明声担任炮兵营教导员，炮兵营成为首批入朝参战的部队，打胜抗美援朝战争的第一仗，受到了志愿军领导通令嘉奖，在中国人民志愿军抗美援朝战争史上写下了光辉的一页。后来由于在恶劣的环境下连续作战，李明声积劳成疾被迫离开部队，回国养伤，随后到中国政法大学读书，成为新中国成立后由中国政法大学培养的第一批领导干部。毕业后李明声被分配到黄县，担任黄县法院院长。之后，调到烟台芝罘区法院二院工作，1960 年又回到家乡牟平县委，分管水利工作。在牟平任职期间，负责修建了龙角山水库，但就在水库刚完工不久，有 18 名大学生私自乘船去水库玩耍，不幸落水，全部遇难。李明声也因此受到牵连，被开除公职保留党籍。

李明声性情直率，为人豪放。面对如此沉重的打击，他没有消沉，还想继续为党工作。在他的申诉下，一年后，上级部门恢复了他的公职，一度回家务农，他又去刘家夼人民公社做社长。1966 年李明声退休，回到西解甲庄做了 4 年大队书记。相较同期政法大学毕业的战友，李明声的仕途虽不顺利，但为党为民兢兢业业工作的热情却从未减弱。任支书期间，他带领村民打井，修筑电灌站水塘，改善村中水利设施。为了提高百姓的收入，帮助村民引进新品种，种植果树，大力发展村中经济。在做支书期间，因其声音洪亮，村民们打趣说应该把“老法院”改称为“高音喇叭”了。谈到此事，李滋和也乐了，说父亲说话时确实声音高。是的，他不仅仅是声音高，更让人肃然起敬的是他那崇高的品性，晚年时还以他的余热服务自己的家乡，带领大家共同致富，从而赢得了全村人的尊敬。

老人李明声虽已逝去，儿女不会忘记，村民也不会忘记，村民李玉平为纪念李明声写下了这样的文字：

曾经和老人聊起过去的英勇事迹，总是淡淡笑一笑，轻轻地挥一挥手说，没什么啊，就是得了那么一兜的奖牌牌。但是说起您战斗的历程，您又是那么的豪气干云：小日本鬼？不错，他们拼刺刀确实厉害。但是咱们不怕他，别看他气势汹汹的，也是肉长的。咱把刺刀咵的一抖，迎着他的刺刀尖，啪的往外一磕，一个防左刺，就穿了他一个透心凉。退休以后的您，从来没有躺倒在功劳簿上享受，而是担任了村党支部书记。在“文革”动乱的年代，您带领着乡亲们搞建设，抓生产，把北苗山上种满了板栗。如今的您，虽然是年近百岁，依旧是精神矍铄，声若洪钟。老法院，祝愿您就像您种植在北苗山上的板栗树一样，青春永驻。

日新向党

李希尧又名李日新（1910—1946 年），土生土长的西解甲庄人，1936 年加入中国共产党。七七事变前夕，正是他在莱阳师范就读期间，李希尧利用暑假带领同学到各地宣传抗日救国道理。1940 年李希尧到福山县珠玑小学任教师，同年下半年重回西解甲庄，任陇西小学的校长，以校长的身份为掩护，开展地下革命工作。李希尧思想先进，眼光长远，任校长期间在村里首开先例，率先打破封建礼教的约束，实行男女生合校。他把村里的一个妇女识字班合并到陇西小学，尽可能地普及基础教育和爱国知识。在他的领导和影响下，本镇许多小学都实行男女合堂。就在日本鬼子的据点旁边，他不遗余力地提倡新式教育，使村中男女有了平等接受教育的机会。

他在陇西小学还积极抵制和反对日伪的奴化教育，秘密编印抗日乡土教材。为了避开敌人的耳目，他带领学生们背着小蒲团，带着革命课本，来到了大山沟里、河滩上、树林里，向学生们讲述抗日救亡知识。在辛安河南岸，师生学唱抗日歌曲《大刀进行曲》，并编演独幕话剧《吃大烟的人》《新旧家庭》，老师学生同台演出，进一步扩大了抗日影响，提高了人们爱国抗日的积极性，传播了革命的火种，培养了大量革命人才。

1941 年，因汉奸告密，李希尧被日伪通缉，被迫离开了家乡前往莱阳。同年他担任中共莱阳中心县委书记，改名李日新。后经曹曼之介绍，奔赴延安抗日军政大学学习。1945 年 7 月，奉党的指派，李希尧到东北执行党中央毛主席关于建立稳固的东北根据地的战略部署，调热河省（旧）任土改工作队队长，带领 12 名工作队员，到开鲁、东林等县开展土地工作。1946 年 5 月，工作队在林东县被国民党匪部包围，激战中李希尧英勇牺牲，时年 36 岁。

李希尧同志是西解甲庄唯一载入史册的烈士，他短暂的一生是光荣的一生，是战斗的一生，是为共产主义奋斗的一生。他在西解甲庄燃起了一颗革命的火种，而在家乡燃起的革命火种，很快就形成了燎原之势。在他离开家乡不久，抗日人民武装就拔掉了日伪据点，村庄成立了党的组织，成为革命根据的前沿，为新中国的解放做出了重要的贡献。

奇袭二分所

奇袭二分所发生在抗日战争时期的西解甲庄，是一场八路军拔除日伪据点的著名战斗。1943年6月6日晚，时任东海军分区副司令员的于得水率领东海独立团指战员，仅用半个小时就攻克解甲庄伪据点。这场战斗镌刻了西解甲庄的革命岁月，记录了西解甲庄百姓配合抗日的英勇表现，是抗日战争期间发生于西解村的一次代表性胜利。

抗日战争期间，牟平县境内（现牟平区、莱山区）共划分为10个区，盘踞有14个据点，解甲庄据点位于二区，所以称为二分所。二分所设于解甲庄镇西解甲庄中央（现在的社区幸福院北部），由当地村民二三十间空置的房子组成。二分所始建于1940年，建有一大俩小3个炮楼，炮楼铜墙铁壁，高大坚固，呈矩形排列，相互照应，据点外有铁丝网和铁栅栏阻隔与外界的通道，伪据点驻守伪军30余人。二分所据点设立后，日伪驻防力量更加强大。为补贴军事开支，伪警们挡道劫路，不断滋事，甚至打家劫舍。他们愈发肆无忌惮，坏事做尽，西解村民不聊生，怨声载道。日伪统治期间，二分所的伪警多次配合日寇扫荡根据地，疯狂抓捕、虐杀抗日干部，残害进步群众。其中桂山区姜家疃联络站负责人朱宪臣因为汉奸告密，被二分所拘捕，遭严刑拷打。后由地下党组织多方斡旋，才得重金赎出，联络站因之遭到极大的破坏。

为了打击日伪军队的嚣张气焰，巩固抗日根据地，1943年，时任东海军分区副司令员的于得水根据战事需要决定拔掉解甲庄的二分所据点。于得水，山东省文登市铺集镇洛格庄村人，曾任烟台警备区司令员、胶东军区第一军分区司令员，1955 年被授予大校军衔。他是胶东人民心目中的传奇式英雄，在土地革命战争和创建巩固胶东革命根据地的斗争中，出生入死，英勇善战，7 次负重伤，13 次受上级嘉奖，立下了赫赫战功。

对于这次战斗，村志中记载：“1943 年 6 月 6 日，村青抗先队员配合东海独立团一举攻克解甲庄日伪据点。”详细的战斗经过并无权威文字记录，通过询问老人以及网上资料的描写可以了解奇袭二分所战斗的基本过程。

二分所日伪据点地处烟威腹地，而攻打二分所最重要的就是时间，兵贵神速，战机也是稍纵即逝，一旦敌人增援部队到来就会陷入被动。为此于得水与桂山区负责人联络，时任牟平桂山区负责人为黄玉山、王紫东。于得水和他们详细了解二分所伪警的兵力部署、值班巡逻换岗情况，并提前安排地下党员打入二分所内部作为接应，制定了详细的具体作战方案。在战斗的前一天晚上，有几个八路军女战士骑自行车从锁郎门方向进村，沿大街侦查过二分所布局情况，确保战斗的万无一失。

1943 年 6 月 6 日，乘着夜色，于得水带领警卫员悄然来到踞二分所 200 多米的东解甲庄。与相关负责人再次明确具体进攻方案，总体由独立团担任主攻，西解村青抗先、基干民兵配合。随即东海独立团的主攻部队埋伏在解甲庄据点正南的辛安河畔马连梢里，为战斗做最后准备。

晚上 9 时许，安插在二分所的地下党员熄灯为号，拔除西解村据点的战斗打响。当炮楼里灯戛然熄灭后，爆破队迅速点燃安置在炮楼的炸药包，随着“轰”的一声巨响，炮楼被撕开了一个大豁口子。独立团战士像下山猛虎扑向伪据点。一时间，枪声大作，喊杀震天。二分所的日伪军显然被这次突袭打得措手不及，无法看清战争的局势，不知道八路军究竟有多少人。同时又听到有八路军喊话投降，日伪军更是乱成一团。所长傅铨酒醉饭饱，刚进入梦乡，就被爆炸声惊醒，正在慌乱穿衣服时，独立团战士已然站在他的面前。傅铨只能率领伪警乖乖举手投降。

经过半个小时的战斗，于得水率领的东海独立团战士干净利落地拔除了解甲庄据点。这次战役，二分所所长傅铨及30余名伪警全部被俘，缴获机枪1挺，还有很多步枪和手枪、子弹若干。半月后，桂山区委发动解甲庄据点周围的东解、西解两村青壮年劳力将3个炮楼全部拆除，夷为平地。至此，日伪的解甲庄据点土崩瓦解。

奇袭日伪军二分所时还有一个有趣的小插曲：在二分所东南方向（现在的陇西小学东）有一家人家，主人小名叫香子。八路军战士晚上就趴在他们家屋脊上，战斗打响以后，八路军冲二分所喊话：“老乡，缴枪吧！”还没等到炮楼上的敌人回应，屋子里面的老香却害怕了，连忙大声吆喝道：“同志啊，俺家没有枪，只是有一把菜刀！”

观影老兵营

老兵营位于西解甲庄西北角，始建于1952年，占地200多亩。兵营西北角为空军地勤驻地，建立初期容纳了一个团的兵力，由南至北分别驻扎机炮连、汽车连、骑兵连、卫生连、特工连、步兵连，兵营里面配有马棚、大炮等，最多时驻扎军队1万余人。这里曾驻扎过不同番号的部队，有二十六军代号6020部队、济南军区野战部队和烟威警备区部队等，国家大裁军后只保留了一个营，后来就全部撤出了。流水的兵虽已离去，但那铁打的兵营却依然存在。军营中整齐的步伐、嘹亮的军歌、潇洒的军装及军民鱼水情等等，这些美好的情景牢牢地印在西解村民的记忆中。

据李玉平回忆，他曾与部队中的英雄都见过面。他深情地说道："二十六军是一个英雄的部队，当年涌现过许多战斗英雄，上甘岭鸡雄山战斗英雄王兆才、盛习友等，他们的英勇事迹让人难忘。每到农忙时，军队会派出战士到村里帮助生产，村里的妇女也会去帮助战士们洗衣服。部队与村民兵连结成联防，帮助村里训练民兵。"

令村民们印象最深刻的是部队每周至少放映一部电影，一想到这便如一股甘甜的果汁注入心田，滋润着人们的心灵。那时的兵营没有围墙，附近的村民也可以进去围观。兵营警卫楼前的大广场上每周都有那么一两天异常热闹，几千人聚集在一起共同观看部队播放的电影。据李明熙（1924—2017年）老人回忆，看电影时官兵围坐在中央，村民可以拿着小马扎、小板凳坐在部队的后面，或者有些索性立在官兵的两旁，更有淘气的小孩儿们跑到屏幕的后面看电影。老人有些遗憾地说，因为自己个子太高，很少能到前面看电影。有些影片至今村民们还能说出片名来，如《卖花姑娘》《第八个铜像》等。李明熙老人（1925—2017 年 ）说，他们除了看电影，有时还到兵营里看电视。70 年代的空军地勤驻地就已经有了一台 12 英寸的黑白电视机，这对于闭塞在村里的人来说真是个稀奇的玩意儿，因此每当播放电视节目的时候，小小的电视机周围挤满了大大小小的脑袋，少说也有几百人，场面相当壮观。村民们依稀仍记得当年观看《战洪图》的热闹场景，而这些在今天都已成为一种美好的回忆了。

老兵营大门

营房

军民共建小组成员

十、激情岁月

与火箭争速度，和日月比高低。那是公认错误而荒唐的年代，但又是一段激情燃烧信仰纯粹的岁月。在大干快上的农业生产和水利建设的热潮中，尽管那时的资源非常匮乏，但人们为了心中的美好愿望迸发出了惊人的力量。在这个潮流的推动下，西解甲庄的村民也积极投身大搞农业生产和农田水利建设中去。访谈中许多老人都不会忘记自己曾经忘我劳动的岁月。他们献出了自己的美好青春，期间涌现出来的那些可歌可泣的英雄人物，以及其所折射出的时代精神，至今仍然熠熠生辉，催人深思。

稼穑田野

西解甲庄的农业生产主要是通过生产队组织和开展的。生产队是西解甲庄农业经济的一种组织形式，诞生于 1958 年，最初 8 个队，1960 年合并为 7 个队，各队根据自己的实际情况组织生产等各种活动。由于受“大跃进”思想的影响，为了带动发展集体生产，发挥模范带头作用，火箭队产生了。火箭队是西解甲庄生产队里具有代表意义的先锋组织。

火箭队

火箭队的成员有李学圣（1937 年生）、李明鉴（1938 年生）、李文联、王玉芳等十几人，每人发了一件黄色汗衫，上面印有“西解火箭队”。能够入选火箭队在当时是一件很光荣的事情，但在享受这一美誉的同时，队员们也深深感受到他们自己身上肩负的任务是那么繁重，不分昼夜地劳动是那么辛苦。

火箭队承担的劳动任务有一些至今仍然让村中老人们印象深刻。天上繁星点点，地上红光闪闪。在大炼钢铁的背景下，村生产队要求搜集尽量多的废旧钢铁作为冶炼的原材料，同时还需大量的木材作燃料，为了炼出钢铁，人们想尽一切办法，砍树、破拆传统的庙宇建筑，甚至宗族坟冢的棺材板也被拿出使用。火箭队的队员们负责砖、废旧钢铁的搬运工作，当时一般队员每车装砖 30 个，火箭队队员装 40 个。砖是老式砖，每个重七八斤，一车砖重达 300 多斤，往返 50 里，其劳动强度特别大，据说 20 多岁的大小伙都曾累得夜晚尿炕。大炼钢铁时期每隔几十米就有一座炼铁炉冒着熊熊的火焰，家家点火、户户冒烟，全村都弥漫着硫黄味的烟气。与此同时，火箭队还承担着种植试验田的任务。为了追求粮食“卫星”，响应牟平县政府农作物合理密植的号召，他们利用几亩地做各种实验。当年在“人有多大胆，地有多大产”的错误思想指导下，提出了“不下千斤种，难打万斤粮”的口号，违背了植物的生长规律，将“密植”发挥到极致，比如地瓜每亩扩大到 5 000 棵左右，并给地瓜搭架。在小麦试验地里，他们将田地深翻五尺之深，铺以玉米秸秆，施以人粪尿，不同片地播麦种少则 100 斤，多则 200 多斤。由于播种过多，第二年又要费工间苗，若不间苗小麦会大片倒伏，只长穗，不长粒，收获极差，甚至绝产，最终他们的各种试验田大多以失败而告终。

火箭队的存在仅仅不到半年的时间，就因为队员出民工解散。在当时情况下，他们身先士卒，冲锋在前，临危不惧，的确体现了那个时代的典型特色，是一支名副其实的火箭队，但他们也带头做了不少傻事、蠢事和错事，带来了一定的损失。当年那些意气风发的青壮年人如今已成为白发苍苍的年迈老人，年轮刻上了眉梢，沧桑写满了容颜，随村前的辛安河静静地流淌。

林业队

"植树造林，绿化祖国"，在毛主席的号召下，西解甲庄的林业队于 1964 年上半年成立了。李明熙、李安先后任林业队队长，负责组织林地的开发种植、护林育苗、采集树种等工作。

新中国成立之初，村里原有林地 1 920 亩。林业队成立后，森林覆盖面积不断扩大，到 1964 年末，村庄林地面积达到了 2 220 亩。为了大规模植树造林，不仅林业队自己开始采集树种，还发动社员和学生采集树种，采集的种子部分留作大队使用，另一部分上交公社。采集的树种主要有黑松、梧桐和刺槐等，林业队把采集的种子育苗培育和移植。阳春三月，草长莺飞，这是枝条压苗植树好时节，人们除了育苗植树，还把杨树和柳树的枝条压苗植树，为大地播撒了一片片绿色的希望。经过队员们的辛勤劳动，森林覆盖面积不断扩大，到 1966 年，零星种植黑松累计 180 亩。仅 1966 年这一年，新造林 146 亩，其中棉槐 60 亩，杂林 86 亩，并累计采集树种 2 000 余斤，新培育树苗 34 亩。70 年代中期至 80 年代初，林业生产重点是山间绿化。1975 年改造辛安河旧河套，形成新的树林面积 120 余亩，栽植速生杨 1 500 棵、棉槐 2 000 墩、桑树 500 株。1976 年，在村庄周边植树 2 000 棵。

为了把树植好植活，林业队的队员们一年四季，忙忙碌碌穿行于林中，春天松土、施肥，夏天打药、灭虫，秋天培土、浇水，冬天剪枝、整形，不间断地巡逻守护，防火防虫，年复一年，周而复始，他们让绿色在美丽的春天里飞扬，为祖国的大好河山披上了绿色的盛装，为西解甲庄的植树造林事业做出了很大贡献。

果业队

在西解甲庄的经济结构中，虽然粮食种植是村庄经济的第一支柱，但村庄主要经济收入来源于瓜果蔬菜等副业。1957 年西解甲庄果业队成立了，第二年因为搞人民公社“大跃进”很多人离开而解散。1962 年村里再次组织起果业队，李崇俊为首任队长，组建之初，队里共有 8 个人，有男有女，但都是二三十岁年轻力壮的青年人，他们主要是负责果树的日常管理及看护工作，全村的果树就主要由他们来统一管理。

西解甲庄的果树在新中国成立前后，只是散栽于田间村头，其主要品种是苹果，其他品种如桃、杏、梨、柿子等零星栽培于田间。截止到 1954 年，果树种植面积 2 亩左右。50 年代后期，开始由生产队集体种植果树，其种植面积发展到 54 亩。据李铭义老人回忆，1963 年，由果业队栽种的果树开始结果，但一棵树只结不到 10 个果。为了改变这种不良的状况，让果业队像苹果一样红火起来，果业队的队员除了向外村的种植高手请教，还自己找书钻研学习不断总结经验，在他们的努力下，果树管理的水平不断提高，果树的长势越来越好，结果量迅速增加，1965 年果园收获近 5 万元，当年全村 7 个生产小队用这笔收入为全体社员开了支还有剩余。尽管果业队的成员付出了艰辛的劳动，带来了这么多收入，但果业队队员的分配还是要按照所在生产小队统一标准进行分配。他们任劳任怨，不计所得，他们的行动体现了从集体利益出发的集体主义精神。1966 年果园收获苹果 90 626 斤、梨 315 斤、柿子 1 866 斤，一部分水果交售给公社果品站，另一部分零售给村民和附近矿场企业机关学校等，每亩果园收入 300 元左右，等于 5 亩粮田的收益。令果业队的老人记忆深刻的是运粪和挖树坑，果业队的果园当时有 63 亩，由于果园的土质浅薄，为了提高果品质量并增加产量，队员们每年都要付出很大劳动进行施肥改良。队上有两辆小推车，用车子从村里将粪运到村外的果园，每辆小车可以装 300 多斤的粪。每年每棵树挖 2 个树坑，每个树坑 5 尺长、2 尺宽、2 尺深，第二年再换另两边挖。挖树坑为的是扩大树穴，让树根向深处生长，以利于抗旱抗涝。因山地石头多，不好挖，只能用镐头刨。果业队的每个队员都拼足了力气，即使在寒冷的冬天也只穿一个小褂劳动在田间。那时，10 个工分为一个劳动日，挖树坑一天能挣 20 个工分，一个工分可以折算成七八毛钱，一天就顶两天的收入；那个年代，由于生活困难，每逢上半年的时候人们都吃不饱饭，饿得腿都浮肿，再推上一车子粪就特别艰难。只有到下半年收获各种粮食，村民们才能吃个饱饭，干起活来也就更有了一份力气。

改革开放后的 1984 年，村里果树实行个人承包，李恕厚、李玉美、李绪俊和李新美 4 位村民分段承包了果园 127 亩，果业队正式解散。通过果业队近 20 年的辛勤劳动和努力，其种植面积由最初的 2 亩扩到 127 亩；果树品种以苹果为主，苹果的种类有青香蕉、金帅、红香蕉、花皮等品种。每到秋天收获时，果园里的苹果树枝繁叶茂、形态各异、果实累累。果业队为了西解甲庄果业经济的发展发挥了巨大的作用，做出了应有的贡献。

水利会战

毛主席曾经说过，水利是农业的命脉，要把农业搞上去，必须大兴水利。当年，西解村人为落实毛主席关于农田水利建设的指示，全村上下纷纷投入到水利设施建设的运动中，修建了小南坝、电灌站水塘、菊花沟水库和十三堪水库等一系列小型水利设施，为村民和农业生产用水提供了有力的保障。在兴修水利的过程中留下了远近闻名的感人故事，其中“黄继光排”的故事广为流传。

黄继光排

“黄继光排”是西解甲庄村民参与烟台门楼水库建设，因他们劳动表现出色，被指挥部表彰而授予的荣誉称号，黄继光排的队员有李修杰、李国瑞、李国俊、李嘉佑、李贤美、李安、李致诰、李云朋、李宗纲、李滋徽、李宗玲、王秀兰等。

门楼水库始建于 1958 年 11 月，1960 年 5 月大坝合龙。在水库工程建设期间，政府要求周边几个县的各个村庄都要派出民工参与修建，民工按军队建制编制，实行军事化管理，共成立了 17 个民工团和 3 个直属营。被誉为“黄继光排”的西解甲庄民工团是他们杰出代表。据李宗玲（1941 年生）老人回忆，水库建设时期指挥部根据工程进展的需要，将工程建设进程用战争时期的战役命名，发动了诸如“淮海战役”“渡江战役”“上甘岭战役”“总攻战役”等，掀起了一个又一个比、学、赶、帮、超的热潮。工地上人欢马叫，伴随着打板桩的号子声、抽水机的马达声，到处呈现出一派轰轰烈烈的劳动景象。对劳动表现优异的集体和个人进行重点表彰，在女民工中涌现出“木兰夯”“十三妹”“水利建设女标兵王金萍”等典型集体和个人；在男民工中涌现出“钢铁英雄班”“上甘岭英雄班”“单臂英雄宫润作”“黄继光排”等典型集体和个人。

修建门楼水库的条件十分艰苦，可谓一无技术、二无资金，财力物力等都非常缺乏。由于机械化程度非常低，搬运土石方只能靠土炮炸、铁锨挖、肩膀挑、人力抬、小车推。队员们实行的是一日三班轮流工作制，每班工作 8 小时，吃饭时间只有十几分钟，大家吃得主要是地瓜干和窝窝头。为了赶工期，全体队员一直干到腊月二十九才放假，大年初三就开工了。水库工地上红旗招展，歌声嘹亮，到处是大干快上、力争上游的革命气氛。夜晚的工地，灯火一片，各种劳动号子此起彼落，响彻夜空。一条长 1 000 余米，高 20 余米，底宽 160 余米，顶宽 20 余米的水库主坝，修筑时需搬动两座山头的土石方垒填，仅用了不到两年时间就宣告竣工。与村里老人的交流中我们了解到，当时女民工的劳动量也非常大，推不动小车的就负责在大坝上用绳拉车，李修杰（1941 年生）老人这样描述修建水库的场景：“那时候除了用小推车，再就是挑扁担。像俺村那些妇女啊，有的用棉槐条编的筐，这边用镐头刨，那边就上车，两人一筐抬着就那么往车上弄。再就是有的妇女拉绳，小车上不去呀！水库大坝越修越高，步步登高，全靠绳子啦。”

除了劳动中的劳累辛苦，黄继光排的队员生活条件也极其艰苦。他们晚上就睡在用草席搭起的四面透风的工棚里，下雪天草棚里到处是雪。他们每人每天的生活费仅有 3 角钱，吃的菜主要是萝卜和大白菜。吃的粮食是民工每天自带 1 斤，国家补助 1 斤，其中细粮只有 10%，有时仅能照顾病号吃细粮，其他人只能吃地瓜干。因此，后人笑称“门楼水库是由地瓜干堆出来的”。那个年代，在如此艰苦的条件下，队员们却以饱满的热情和高涨的干劲，圆满完成了这么巨大的建设任务，靠的就是人们心中那种愚公移山、革命无不胜精神。在修建水库的那些激情岁月里，涌现出来的像“黄继光排”等那些可歌可泣的英雄集体和个人，值得人们铭记与尊重。

早期果业队成员

前排左起：2王秀兰 3李滋徽 4李宗玲
2 排左起：李国瑞 李国俊 李修杰 李嘉佑 李贤美 李安 李致诰
后排左起：3李云朋 6李宗纲

黄继光排成员

辛安河改造

西解甲庄人把辛安河称为母亲河。河水从西而东经村南流入大海。辛安河不仅是西解甲庄也是牟平西部重要的生产和生活水源地，本村的土地大部分是在当年辛安河的河床上开垦的。河床的土地肥沃，有利于耕种。然而，据村志记载，在历史上，辛安河堤坝曾有两次大决口，部分房屋墙壁被冲坏，大片庄稼被淹没，农作物基本绝收，洪水肆虐，泛滥成灾，给村庄造成严重的洪灾，给当地人民带来了深重的灾难，西解甲庄现在的老村民至今记忆犹新。

20 世纪 70 年代，全国掀起“农业学大寨”和“龙江精神”，那是一个“战山河”的年代，人们战天斗地的心情空前高涨。广大农村社员发扬“愚公移山”精神，开山挖河，拓展土地，整修梯田，种植庄稼。就是在这种背景下，上级有关部门决定改造老河套，在河套南边的山脚下挖掘一条新河床。村民受够了旱涝灾害的侵袭，满腔热血，誓把旱地变粮川。

1975 年，在解甲庄公社党委书记王志远同志带领下，利用秋后农闲时节，动员全社力量承担起辛安河改道的艰巨任务，破解这个困扰当地百姓多年的难题。

冬天的清晨，寒风凛冽，雪花纷飞。然而辛安河的工地却热闹非凡，高音喇叭鸣放着革命歌曲，四处可见鼓劲的横幅标语，“为有牺牲多壮志，敢叫日月换新天”。众人喧哗声和大喇叭广播声弥漫交织，工地上施工的气氛非常热烈。人们不畏寒风，抡起的镐头落下去有时只扎个白点儿，两手震出道道血口，但没人喊苦叫累，“一二三”的号子声、嗨嗨的加油声，此起彼伏，到处是生龙活虎、如火如荼紧张的劳动场面。而且越是寒风刺骨、雪花飘飞的时候，工地上越是人声鼎沸，热火朝天，大伙儿仿佛跟老天较劲似的，顶风冒雪，你追我赶，干的越欢越带劲。小推车、扁担、箩筐、铁锹、镐头齐上阵，工地上一片浓厚的大干苦干氛围。当年参加过辛安河改造的人回忆说，这场会战他们之所以记忆犹新，永生难忘，是因为工程量之大，条件之艰苦，前所未闻，从未经历。大家基本是肩挑人抬小车推，在料峭的寒风中，大家迎着细碎的雪花摩肩接踵，逶迤前行。许多人甩下棉服，仅穿一件秋衣、秋裤赤膊上阵，汗流浃背，湿透衣裤。回来空着车都是一路小跑。年龄大的男劳力负责刨土、装车；青壮劳力负责推车；青年妇女和会计负责过磅、记工；平耙土地也由妇女担当。一天辛苦下来，大家跌跌撞撞收工回到家，一头扎在炕上就睡着了。第二天早上起来，浑身像散了架，抖擞起精神来还要继续上工。

辛安河改造从1975年初冬开始一直持续到1976年春，春节期间也未停工，大年三十和初一仍有70%的干部与村民坚持劳动在工地上。1976年的春节对于很多西解村民是有特殊意义的，那是在工地改造河道中度过的。大家真正体验到“干到腊月二十九，吃完饺子就动手”的滋味。

经过改造，新修辛安河新河床宽80米，两边留下20米宽的马道。改造出来的沙土地150亩左右，上面覆盖熟土层，种粮栽果树，为村民带来非常可观的经济效益。

“自古水往低处流，谁见河水翻山头；人民智高力量大，指挥江河有自由。龙王一见愁上愁，告老还乡去退休；调动一切积极性，还是把他社里留。”这首诗歌充分地了表达了人民公社时期西解村村民兴修水利的激情。全村群众齐心协力、满怀信心大搞社会主义建设，人们意气风发，气贯长虹，让“高山低头，河水让路”，到处是一派欣欣向荣、轰轰烈烈的大干快上景象，很多小型水库都是在这个时期应运而生，星罗棋布。

辛安河

十一、余音渐远

民间技艺

我国传统民间技艺蕴含着中华民族的文化价值观念、思想智慧和实践经验，是古人在数千年的生产实践中形成的一种生活智慧，是中华传统文化的一种表现方式，有其独特的历史文化价值。在如今的工业社会里，曾经服务百姓生活的一些传统民间技艺逐渐退出了历史舞台，智能化大生产、流水线式的工作模式主宰了社会生产的各个领域。工业化大生产的产品相对于传统工艺品，往往缺少了灵性和情感温度。民间技艺的实施过程需要工匠们全程参与，并针对每件物品的特色融入个人独特的思考，这使得每一件作品都有自己的个性与灵魂。现代科学技术的发展和新生产方式的出现，加速了农村社会经济、精神生活方面的变革，促进了传统生产生活方式的变迁。西解甲庄曾经拥有的民间技艺很多，那些活跃于人们生活中的民间技艺有些在村中零星尚存，有些已淡出人们的视野，只是作为一种传统的文化符号和文化记忆，留在历史的长河中，随着社会的变迁渐行。

酿酒榨油

在民间，人们把自酿白酒的店称为烧锅，有时也指酒本身。在唐代文献中，烧酒、蒸酒之名已有出现。到了清代白酒才得以发扬光大，绝大多数的蒸馏酒名牌产品都创始于清朝。

凡含有淀粉和糖类的原料均可酿制白酒，但不同的原料酿制出的白酒风味各不相同。传统的白酒酿造工艺对酒的品质也有很大影响。酒在人们生活中，成为不可或缺的部分，俗话说“无酒不成席”，因此，酿酒在过去也是西解甲庄的一项重要的民间技艺。

过去西解村人在外地做生意的很多，生意做得比较大的要数在北京酿酒卖酒、开货铺和绸缎庄的了。其中做酒生意比较有代表性的就是清朝末年的李光祖，他在北京自己开办了烧锅店，店号为洪顺。当李铭义老人回忆起曾经的烧锅时，他缓缓地咽了一下唾液，仿佛又品尝到那美酒的醇香，记忆的大门也慢慢打开。老人回忆道：洪顺店所使用的原料主要是粮食类，如高粱、玉米、大麦和甘薯，工艺流程比较繁琐。根据老人时断时续的回忆，我们大致把酿酒的过程整理如下：第一步，把原料粉碎。原料粉碎的目的在于便于蒸煮，使淀粉能够充分被利用。第二步，配料。将原料、酒糟、辅料及水配合在一起装进桶里，对它们进行糖化和发酵。这一步很复杂要考虑到桶的大小、原料的淀粉量、气温及发酵时间。第三步，蒸煮糊化。利用蒸煮使淀粉糊化，有利于淀粉酶的作用，同时还可以杀死杂菌。至于要蒸煮多久，老人说他也记不清了。第四步，冷却。蒸熟的原料，用扬渣或晾渣的方法，使其迅速冷却，直至达到拌醅温度。第五步，入窖发酵。结束发酵后最后一个环节即蒸酒。蒸馏时应尽量把酒精提取出来，并利用掐头去尾的方法尽量除去杂质。

由于李光祖在酿酒时使用纯真的酿酒原料，运用精湛的酿酒技艺，酿出的白酒淡雅柔润、厚味宜人，再加之他经营有方，他的酿酒生意在京城一度十分红火。后来他本家的一位兄弟李光绶因为受皇室牵连，李光祖也因此致祸，生意也越来越不景气，最后不得不离开北京。回到烟台开起了绸缎店，从此不再经营酿酒生意，西解村人酿酒技艺便由此进入没落时期。

尽管如此，西解村人的酿酒技艺还是广为流传，前人留传下来的这种酿酒工艺至今也没有多少改变，其原理从古到今是一致的，只是在加工设备的更新方面极为明显。当然，有些地方已经恢复的手工酿酒作坊备受人们关注和喜爱。

手工木榨油是一种原始工艺，相传源于唐代，传承至今。西解村李铭义的祖上从清朝时起曾经在村里开油坊，据老人回忆，当时他们家的油坊很大，大约有 5 间作坊。木榨油的工序十分繁杂，要经历豆料去杂、炒锅炒熟，上槽碾末、蒸锅包饼、上圈装榨、木杠打榨、沉淀沥油等十几道工序。老人回忆说榨油用的木杠特别粗，大约要一人合抱，需要三五个人配合才能操作使用，很是费力。木榨油不仅需要体力，更是一门手艺活，蒸炒时特别都要注意火候，尤其是炒，火候和温度直接影响着出油率与油的成色。西解村油坊人工榨出的油味正醇香，那真是油香飘飘，香馨心扉，炒菜时滴上少许，炒出的菜特别好吃。十里八乡公认其油品质极佳，深受百姓青睐。随着社会的进步和科技的发展，由于木榨油的工序复杂、工时成本高、劳动强度大，而且出油率略低于机榨油，人工木榨油很快被机榨油所替代，这种祖祖辈辈传承下来的民间技艺在当地完全退出了历史的舞台。榨油曾经使用的生产工具石碾已蜕变为李铭义老房子的铺路石、台阶和砌墙石，而是以另一种特殊方式继续服务于人们的生活。现在这些被走在脚下或看在眼里的石头或许还残留着当年榨油的印记，人工木榨油作为一种传统的文化符号永存于人们的记忆中，遗留在历史长河的里。

剪纸绣花

“剪彩赠相亲，银钗缀凤真。叶逐金刀出，花随玉指新。”在过去的农村，剪纸几乎可以说是每个女孩子必须掌握的手工艺术。西解村的剪纸技艺更是远近闻名，该村的剪纸制作材料尽管都是普通的红纸、宣纸，色彩比较单一，但极为大气、庄重，由于她的构思奇巧、善于大胆想象夸张，其作品表现出强烈的人文情怀，有时又会经常采用人们熟悉的寓意、谐音等手法，表达出人们积极乐观、热爱生活的处世态度，带有丰富鲜明的浪漫主义色彩，并具有幽默、寓意性特征。

随着老一辈剪纸艺人的逝去，现有的民间剪纸艺人零星尚存，李凌女士（1967 年生）就是其中之一。在西解村，只要你迈进李凌的家，你就会被玻璃门窗上的纸花所吸引。李凌的剪纸以红色为主，其风格多种多样，有的造型简洁质朴、注重夸张变形，传承着古老的审美情趣和造型观念；有的纤细入微，小巧玲珑，小中见大，刻画精致，细如针尖，剪出的纸丝细如发丝。剪纸的题材广泛，寓意丰富，有婚庆时贴上大红双喜字以示喜庆红火之意；还有在陪送的嫁妆上用“鸳鸯戏水”等大型剪纸覆盖，作为装点，寓意百年好合；以“蝙蝠、鹿、桃”代表“福、禄、寿”等。据李凌回忆，早在她 9 岁时就经她奶奶的指导开始了自己的剪纸生涯，40 多年来她从来没有间断过，至今她还会在过春节的时候亲自动手剪几幅贴在窗上、门上以示欢庆佳节，有时也会送给周边的邻居朋友。年过半百的李凌女士仍然守护着老一辈传下来的剪纸艺术，她不仅剪纸技艺精湛，而且喜爱收藏搜集剪纸的纸样。至今她收藏的样纸多达十几箱，最让她引以为豪的是那张清朝时的纸样，已经 100 多年了，但色彩依然鲜艳如昔。为了保护好这些纸样，李凌女士不惜自己花钱把这些纸样用塑料封存起来，以防损毁而失传。

在与李凌女士的交谈中，李凌女士也流露出对未来手工剪纸艺术发展的担忧，她对我们说：“由于科学技术的发展，剪纸已经被机械印刷的各式各样字画所取代，社会上对传统的手工纸需求越来越少，如今几乎没有了需求，没有需求得不到社会的认可就很难有存在的价值，我在剪纸还在，我不在了，村里的剪纸技艺也就失传了，这真是逝去一个老人，带走一代文化呀”。虽然这门技艺的前景堪忧，但剪纸艺术不愧是中国民间艺术中的瑰宝，也将成为世界艺术宝库中的一种珍藏。正是那些生活在社会最底层的乡村巧手，他们祖祖辈辈都在谱写着民族艺术史中无声的乐章。

刺绣是中国民间传统手工艺之一，在我国至少有二三千年的历史。刺绣就是用针将丝线或其他纤维、纱线以一定图案和色彩在绣料上穿刺，以绣迹构成花纹的装饰织物，它是用针和线把人的设计和制作添加在任何存在的织物上的一种艺术。刺绣的用途主要包括生活和艺术装饰，如服装、床上用品、台布、舞台、艺术品装饰等。在西解村绣花的手艺有几百年的历史，这曾是西解村妇女的主要手工技艺。至今在西解村民俗记忆馆中还珍藏着一双清朝时期的绣花鞋。谈到这双绣花鞋，李文（1959 年生）深情而自豪地告诉我们：这双绣花鞋是她奶奶在世时的作品。因被老鼠拖进洞中而得以保存，也使后人有机会一睹前辈那精美的绣花工艺。这双绣花鞋是典型的三寸金莲。图案是中国民族传统图案——花草。一双金莲上的五彩图案本身是对鞋主人的祝愿，通常老年妇女着黑色及深色金莲。交谈中李文还告诉了大家一个没注意的细节，这双绣花鞋并是一双，实际上一只是棉的，另一只是单的，因为大小相同，所以不为人所注意。新中国成立后绣花的人逐渐减少，但到改革开放后绣花作为家庭副业又开始兴盛起来，并成为当时家庭收入的主要来源之一，在村里这种家庭副业有组织有管理，有人专门发放花样和花线，最后回收大家的绣品。随着科技的进步和经济的发展，现在很少有人再从事这种手工劳动了，尽管还有人做做十字绣，但已经不是传统工艺的绣花了。

在村里人们曾经使用的绣花工具大多都被损毁或丢弃，唯一能够留存刺绣记忆的是在李宗玲家闲置的库房中还零散地放置着一些使用过的绣花工具，她向我们展示了当年的各种绣花工具及绣花线。经查看留存下来的绣花工具有圆形的撑子，也有长方形的，这种撑子大的长 2 米多，中等的也有五六尺。旁边那些色彩斑斓的丝线仿佛还在等待着人们再次把她们编织成美丽的图案。

铜器打补

新中国成立前的手艺人多数是亦工亦农的农民，他们农忙务农，农闲出门，而且特别能吃苦耐劳，走南闯北，四海为家，串乡走巷，上门修补，足迹遍及城乡。随着时光的流逝，这些老行当虽已退出历史舞台，却永远留在人们的记忆里。

新中国成立前，西解村是个远近闻名的乡绅村。据说，村里人的生活相对富裕，其富裕程度集中体现在生活日用品的使用上，该村老百姓的生活日用品大多是铜器。诸如铜盆、铜勺、铜铲都是百姓家必备之物，住宅的大门吊环是铜的，门锁钥匙也是铜的，箱子橱柜门的拉手、提环还是铜的。殷实的大户人家，还要在柜门上镶嵌圆形的铜皮，柜子四角包有铜角，在装饰铜器上刻有吉祥的图案。正是因为村里有这么多的铜器使用者，西解村李国久的祖上为百姓们提供了很好的服务，他家里的人心灵手巧，有着非凡的铜器打制与修补手艺。村里人家有需要简单的铜器或者铜器有所损坏都会找他打制或修补，经他精心修补后的铜器往往完好如初，对此，村民们赞不绝口。后来随着其他廉价金属材质的广泛使用，铜器逐渐减少，由此精湛的铜器打制与修补技术就失去了需求，最后，随着老人的去世村里的这份手艺也不复存在了。

李凌

李凌收藏的清代纸样

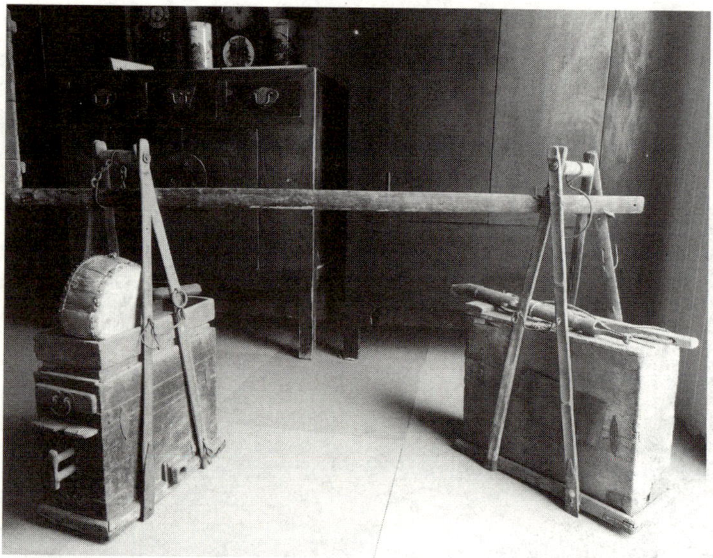

小炉匠的担子

文艺队

西解村曾经的戏台建于本村邻近的东解村土地上，关于这个戏台选址有不同的传说。传说一：过去人们遭受传统观念的束缚，担心娱乐活动影响了村风，故选址建在邻村东解。据考证，新中国成立前不允许小媳妇独自出门看戏，必须有婆婆陪同，由此可以佐证以上传说。传说二：因经济条件所限，戏台不是由西解一个村子所建，而是由众村集资合建而成，经众村协商选择建在东解。这个戏台的北面是龙王庙，戏台的台口与其相对应，这是源于一种风水观，台口面对神庙，可以避免风雨侵扰神台，也隐喻演出的娱神功能。每当天旱时，人们就在戏台上演戏求雨。经过时代的变迁，关于戏台始建的年代已没人说得清楚。只是听老人回忆说，戏台的样子与仍然存在的烟台市芝罘区北大街的大庙戏台很相似。它虽不是雕梁画栋，但也极其雄伟。村里的众多娱乐活动都在此举行，人群往来摩肩接踵，锣鼓喧天，鞭炮声声，乐声阵阵，是孩子们当年最开心的场所。随着时光的流转，新中国成立后因破处迷信，这一颇具代表的古建筑在 20 世纪 60 年代被拆毁，曾经的戏台原址现已成为东解村的居民所在地。也许，住在那儿的人们梦中还能隐约听到那缭绕余音。

在西解村娱乐时使用的乐器很多，有锣鼓、唢呐、京胡、口琴、扬琴和坠琴等。现存的乐器除少数是村集体出钱购买，大部分是村民自家购买或祖上流传下来的。访谈中村民李修纯（1945 年生）扶着他手中的坠琴深思着，仿佛又回到了从前他们父子相聚时的美好时光。他娓娓而谈：家中兄弟 4 人，由于父亲的影响，大家都喜欢音乐，一家人就可以组成一个小的乐队，每到炎热夏天，兄弟 4 人由父亲带领，在自家小院演奏享乐，吸引了全村不少的音乐爱好者都来娱乐，跟着乐曲演唱。说着说着，老人家也情不自禁地哼了起来，可想知在那美好的夏夜，天空上的星星，也会眨巴着眼睛，俯视着乡村夜晚这美丽的情景而陶醉。怎能不说这是村中的一景呢！直到现在李修纯的家中还保留着各种乐器，老人还会经常在家演奏享受一番。

西解村民对戏曲有着十分深厚的感情，抗日战争初期，村民李培钦等人利用业余时间排演了一系列京剧曲目的片段，其中最为人们喜欢的是《四郎探母》，除此之外，还自编自演小节目，宣传抗日。1940 年前后，地下党员李希尧以陇西小学校长身份组织编导了很多话剧，向广大群众宣传抗日活动，其中最为有名的两处话剧《新旧家庭》和《一个吸大烟的人》。他在剧本编排过程中，为了避开日军的围剿，经常冒着生命危险带领学生进山排练，晚上再回乡演出。在当时，通过他组织的戏曲活动很好地揭露和批判了旧社会的黑暗，使广大百姓对吸食大烟的身体危害也有了充分的认识。后来由于反动派奸细的告密，他被迫离开自己的家乡，奔赴莱阳开启他新的更伟大的革命活动。

新中国成立之初，为了更好地宣传革命故事，西解村的村庄文艺俱乐部由此诞生。人们利用闲暇时间自娱自乐，文艺宣传有声有色。俱乐部曾演出过很多剧目，如《牛郎织女》《白毛女》《黑暗家庭》《李德芝之死》和《金不换》等。其中有些剧目则是根据村庄的真人真事改编而成，《金不换》就是讲述一位家庭富裕但游手好闲无所事事的村民，通过改造，洗心革面，他最后成长为一村之长的故事。曾经参与这个剧目演出的村民李汝海至今还能说出其中的唱词，印象格外深刻，记忆犹新。延续到50年代末，村庄文艺俱乐部因各种原因宣布解散。

村庄文艺俱乐部解散后，渡过了3年经济困难期，村庄的文艺演出又开始恢复。这时是由村大队负责组织，集体出资定制乐器，村民自发捐出用自家布票购买演出时所需的大幕。大家情绪十分活跃，纷纷参入文艺活动中。活动组织最频繁的时间段就是农闲季节冬天了，晚上点着汽灯在寒冷的夜色中排练，文艺演出除了在本村，还到周边村庄串村巡演。演出时出现了一些失误，聪明的演员还能自己补场。据说，老人们有一场至今印象深刻、历历在目的演出，当时发生的故事是，有名演员刚一上台，也许由于紧张的缘故不小心摔了一跤，正当大家面面相觑时，这个演员不慌不忙地爬起来，打趣道，这地主大老爷家的门槛就是高，没进门就摔一跤，就算是给他磕了个头吧，瞬息间化解了当时的尴尬，并把观众的情绪调动起来了。

文艺队演出的主要剧目有样板戏《红灯记》《沙家浜》《智取威虎山》等的精彩片段。也有一些自编的民间小调，如《四大景》当年的演员李修纯和李宗玲在剧中的一些场景至今还能细细话来。

李修纯

前排左起：李铭珠 李肇芹 王玉英 马玉华 李学珊 李乃娥 李萍祖
2 排左起：李乃莲 李丕钦 李振宽 李明诚 李恭祖 李乃提 李致玉 李仕尧
后排左起：李廷绪 李明鉴 战淋润 李志英 李嘉经 袁崇献 李滋璞 李学圣 李志诚 隋清宝

新中国成立后的早期村俱乐部

工 夫 市

工夫市，就是新中国成立前的劳务市场，在这里被交换的商品就是“工夫”。这里的“工夫”就是通常所说做苦力打工的，比如帮人种地、收打包裹、垒墙砌炕的人，他们都会到这个固定场所来找活。当年，西解村的工夫市就是远近村庄的剩余劳动力来西解村帮忙种地进行劳务交易的场所。

西解村过去的工夫市就位于现在村医务室门口，工夫市上的打工人数随季节的不同而有差异，通常在农闲时，有七八个人，农忙时有十几个人。据村里老人说，一到播种、收割季节，东至文登、西至莱阳这两个区域的村民都会带着自己的生产工具，有的甚至拉着自己家的耕牛来西解村打短工，当时的工钱一般是干一天一斤高粱外加免费的3顿饭，工钱最多是一天5斤玉米。

西解村工夫市之所以常年存在，这与村里人崇尚读书的传统是分不开的。在西解村，不管家庭富裕与否都会让孩子读书。等孩子长大后再考取功名，即使取不得功名，因为有文化，也会到城里给别人打工或跟着学做生意，这些年轻人就不再回村里种地了。据老人说，该村大约有1/3以上的人在城里做生意或给别人打工、当掌柜，这种状况导致村里劳动力缺乏。另一个原因是村里的土地多。新中国成立前，村里有47户地主，大片的土地需要外来雇工完成耕种，这就是当时西解村工夫市长期存在从不间断的两个主要原因。

另外，还有一个重要的原因，凡到西解村打工的人，他们的工钱都能及时拿到，很少发生拖欠工钱的现象，这是附近七里八乡出了名的。因此，人们都愿意来西解村打工，干完活就能直接拿到工钱，一天还管 3 顿饭，不拖欠工钱。究其原因一是该村的村民始终诚实守信友好，二是该村比较富裕，人们不太计较钱财。据老人说，有个来西解村打工的外村村民，年前回家不但能拿到工钱，而且雇主还会送给雇工一些过年的食品如大饽饽等，而带回家的这些赠送品就能让他们吃到正月十五。

庙宇寻踪

龙王庙

山不在高，有仙则名，庙不在大，有龙则灵。龙王庙是当年西解村与周边13个村为天旱求雨而共同修建的，其他各村虽都捐过钱，但以西解村为主。龙王庙选址建在东解村村东，龙王庙里有一座坐北朝南大龙宫，而和龙宫相对的是坐南朝北的高大戏台。

每逢天旱不下雨，人们就会到龙王庙进行祈雨祭祀，保佑风调雨顺、五谷丰登、国泰民安。这便成为农村普遍存在的历史悠久的活动，也在农村的生活中占据了重要的地位。西解村的情况也是如此，过去，每逢干旱，谷子、高粱等庄稼无法耕种或生长，西解村包括周边各村便纷纷组织村民到龙王庙祈神求雨，其形式不一，在当地常见的有以下几种。

据考证，比较常见的一种是村民们认为龙王爷是管天的，天旱不下雨，村民们就会带着各种贡品，到龙王庙以磕头烧香等各种方式求龙王爷施雨；有时是学校组织学生拿簸箕掏水沟，然后带着贡品，到龙王庙跪着磕头，让教书的先生念咒求雨。第二种方式是村里上了年纪的妇女带领十多个小姑娘沿街清理水道，把清理的点点淤泥倒在簸箕里，用树枝编成圆圈形的帽子戴在头上，头顶簸箕到龙王庙求雨。最隆重的一种是众人把龙王老爷和龙母娘娘从龙宫里浩浩荡荡地抬到北庙山上，当面磕头烧香求雨。如求雨灵验，3天之内下了雨，就专门请戏班子（当年主要是牟平红星剧团和烟台京剧团）到东解村戏台为龙王爷连唱3天大戏，以表对龙王爷和龙母娘娘的感激之恩。当时，所唱的曲目以古戏为主，有时也唱村里面一代代编的小剧，在当地有人也因此把这种唱戏称为唱雨戏。

直到20世纪50年代末，西解村步入到人民公社时代，土地等一切生产资料归公社所有，口粮实行集体供给制，连吃饭也都是推行公共食堂，村民们到龙王庙祈神求雨的意念越来越淡化，修庙唱戏、烧香拜佛的风俗逐渐被遗失，龙王庙也因此在那个年代被拆除，至今再也没有重建过。

土地庙

土地庙又称福德庙、伯公庙，中国民间供奉土地神的庙宇，多为自发建立的小型建筑，属于分布最广的祭祀建筑，各地乡村均有分布，以至凡有民众居住的地方就有供奉土地神的地方——土地庙。土地神源于远古人们对土地权属的崇拜，土地能生五谷，是人类的“衣食父母”，因而人们祭祀土地。按照中国的习俗，每个人出生都有“庙王土地”即所属的土地庙，类似于每个人的籍贯。西解村的土地庙建在村东南头，是十里八村最好的土地庙。据老人说，土地庙是管理世人生死的地方，人死了之后，家人（一般是儿子们）得到土地庙磕头，每天去三趟，一直到出殡。特别是最后一天一直要磕头到晚上12点，叫“送饭钱”。送完了还要喝子孙汤，即疙瘩汤，保佑子孙，逝者的灵魂就算是去土地爷那里报到了。去世100天的时候，在牌子上要摆百日饭，意为把饭送到牌位那里去。

土地庙的修建简单、有序。青砖白瓦，前面有个大门，还有两个死门和两个活门，门上刻有不知名的花纹，土地庙没有窗户。庙内土地爷坐在正中间，其两边站立着若干名小鬼儿，手里拿着棒子。坐在正中的土地爷是泥塑像，类似于现在的大窑泥塑，有红色、绿色，在烧好釉的上面描色，面部形象有点吓人。土地爷身着彩色官服，头戴官帽，手里还拿着东西。土地爷泥塑前面有个桌子，用于摆放香炉和各种各样的贡品。

1958 年，村里开展“破四旧、除迷信”活动，就将土地庙拆掉了，拆下的砖用于兴修水利、盖房子。

马王庙

西解村的马王庙位于村西边，马王庙就一间房子大小，前面有个小门，里面有个泥胎，那就是马王爷。每年初一，家里有养牲畜的，拿着 5 个饽饽去供养。今年 88 岁的李永江老人他们家早年养了 1 头骡子，他对马王庙还存有深刻的记忆：“我记得马王爷穿黄色衣服，手里没拿什么东西，面目慈祥，中年人模样。马王爷是坐着的，底座不大，大约 70 厘米高，是用泥做的。马王庙前面有个照壁，是用砖砌的。每当过年初一的时候，人们就会一大早带着 5 个饽饽去供养，在房子外面的门前有个台子，把 5 个饽饽放在台子上面，台子上还有个香炉，站在台前烧过三炷香，把三炷香摆在台子上面，再叩拜，连续拜三拜。家里有年轻人都是年轻人去，老年人一般不去，并且去男不去女。”

新中国成立前，西解村富裕户较多，骡子、马、牛有一定的数量。为保六畜兴旺，大年初一的马王庙香火一直很旺，马王庙的禁忌是不能在周边随便动土。

普济庵

西解村祠堂的东侧就是普济庵的旧址。普济庵由李梦生出资修建。李梦生，字兆三，增生，是李初妍最小的儿子。李梦生的 3 个儿子与李永绍等13个兄弟被后人称为13支。李梦生，生于明崇祯丁丑年，卒于清康熙甲申年7月，享寿68岁。例赠修职佐郎，东昌府冠县训导。

普济庵有个大院子，大门朝南，前面紧临穿心河。门外安置2个近18米高的大旗杆，旗杆材料为粗壮的红松圆木杆，直径有40厘米；旗杆底座由两个大石条组成，大石条把粗木杆夹在中间，在大石条外侧上下各打一孔，再用木头分别打进孔中挤住旗杆。旗杆上部设有斗儿状的造型，顶端有铅或锡做的旗杆帽。旗杆上分别书为“国泰民安”与“风调雨顺”。

进入普济庵大门，在院子中央、房子前面立有一块大石碑。村里老人还记得石碑上刻有“庙主李梦生”的字样。如今，这块石碑已不知去向。

普济庵的院子分前院和后院，后院有房子若干，前院南边是一排五间大房子，一扇木门在中间，两扇木窗在木门的两边。房子里供着各方神像，这些神像均有木质底座。关公老爷在东面坐着，西面是十不全老爷，然后依次排开，有南海菩萨老爷、东海菩萨老爷、财神老爷。每逢过年，百姓拿着贡品从各处来到庵里进香磕头，供养庵里的老爷，祈求新的一年平安、发财。从神像的摆放次序可以看出村民们看重的神祇与他们自己的心理期许有着重要的关联，关公为大，十不全次之。

普济庵里十不全和尚泥塑相貌奇特：“横肉遍布大脸，有一副大耳朵，眼睛瞪得大大的，面目凶恶，脸是白色的，露出一副饥饿的表情。”传说他有十样毛病：歪嘴、驼背、斗鸡眼、招风耳、癞痢头、跷脚、抓手、斜肩胛、鸡胸、外加歪鼻头，因此叫“十不全”和尚。“十不全”实为“十部痊”，是一个宁愿自己有病而让所有人都健康的象征，这是一个善良的、好心肠的人。传说患者的头、眼、肩、臂、手、胸、腹、腰、腿、足这 10 个部位，哪个部位痛就摸十不全神像的哪个部位，一摸即灵。

普济庵为尼姑庵。庵里的尼姑一是家里许了愿的，所以到时候送到普济庵；二是自己跑来，家里男人当兵走了不回来就来庵里了；还有从良的也来庵里了。

抗日战争时期，普济庵里面曾经住有二三个尼姑。后来，日本鬼子在普济庵修建了炮楼，是鬼子的二分所。普济庵被日本鬼子烧过一次，后来普济庵又被日本鬼子炸了一次，尼姑都跑了。其中，有一个尼姑嫁给了一位丧妻的男人，生了三个儿子，其中一个儿子死了，还有两个儿子。至今，尼姑都已不在世了。尼姑茔地在村里老北大院北面，原立有石碑，现已不见踪迹。

1951 年左右，村内小学课桌不足，普济庵门前的两个大旗杆被割倒了，做了两个班级的课桌。李致田（1943 年生）老人是当时西解甲庄村学徒木匠，他参与了割旗杆、做课桌的全过程。1958 年，普济庵建筑被彻底拆掉。

四季节令

或喜悦，或欢快，或哀伤。传承至今的节日风俗，不仅是一种仪式，更倾注了人们千丝万缕的情思。在一个个富有深意的传统节日里，人们可以寻觅到一代代人的传承与记忆，更深刻地感受到西解甲庄的人文魅力。

一年中最喜庆的节日当属春节。“小孩小孩你别馋，过了腊八就是年”。农历腊月初八是中国传统的“腊八节”，这天要喝腊八粥。腊八前一天，人们用米仁、莲子、花生仁、红枣、黄豆、豆腐条、粉条等熬成粥，腊八分与家人喝。人们认为腊八做的食物经久不坏，还有习俗就是把蒜剥皮浸在醋中，腌制成“腊八蒜”，醋味酸中带辣，久置不坏，是吃水饺的上好佐料。

“腊八粥，喝几天，哩哩啦啦二十三”，腊月二十三是小年，也称灶王节。这一天，家家要送“灶王爷上天”，俗称“辞灶”。傍晚的时候摆上果品、糕饼等祭祀灶神，普遍用糖瓜、枣等食品，意思是粘住灶王的嘴，不让他上天说坏话，或者是让灶王嘴甜，光说好话。此外烧掉旧灶王，贴上新灶王。大年三十的晚上要迎灶王返回。

一般从腊月二十四开始，家家户户就开始热闹起来，打扫房屋，蒸饽饽，蒸包子，蒸糕，做豆腐，换门神，换桃符，贴年画，贴春联，忙祭祀，一场盛大的节日帷幕徐徐拉开。

每逢佳节倍思亲。感恩祖先，怀念亲人，期盼未来顺利安康，春节祭祀有着深厚的含义，祭祀准备是相当有讲究的。各家或者家族要在三十早上就悬挂好宗谱，安放好祖先牌位，摆好祭品，最常见的是 10 个大（枣）饽饽，一边 5 个。中间摆上 5 个碗，盛着整只的鸡、鸭，整条的鱼，大块的猪肉和菜等。两边是烛台，中间有香炉，烧着高香，前面摆三个盅，倒上酒，三盅为满。

初一五更时分，大人先“发纸 ”，谐音“发子”，不能说烧纸，寓意为子孙后代好。再是到院子里燃放鞭炮，辞旧迎新。现在有的人家起的更早，有的人家守岁，午夜一过就燃放鞭炮。虽然这些年考虑到环保问题，人们放鞭炮数量少了，但是村中鞭炮声此起彼伏，处处洋溢着欢乐的气氛。人们换上漂亮的新衣服，梳妆打扮整理一番，期盼新年新气象，红红火火，万事如意。

给先祖及长辈拜年是春节中必不可少的一项传统礼仪。晚辈向长辈磕头拜年，祝福长辈健康长寿，万事如意。长辈受拜以后，要将事先准备好的“压岁钱”分给晚辈，以表对晚辈新的一年的殷切期望。现在的年轻人往往以鞠躬代替了磕头礼节。

饺子是春节不可缺少的食品，一般在除夕下午，全家男女老少会欢欢喜喜地一起包饺子。人们常常将硬币、糖、花生、枣和栗子等包进馅里，寄托着财源滚滚、日子甜美、健康长寿、早生贵子等寓意。初一吃饺子的情景总是让人充满了期盼和回味，尤其是小孩子，经常为了能吃到钱而可着劲地吃，以至于撑得不能动弹了，有的狼吞虎咽连硬币也吃到肚子里。全家团坐，提及种种儿时的趣事，带来阵阵欢声笑语，增加更浓郁的家味、年味。

人们祈求来年吉祥，自然在春节期间也有不少禁忌。每年腊月三十，家家要把水缸填满，封井泉，初一到初三不出来挑水，以防不吉利、漏财。等过了初三再来挑水时，水桶里一定放一块蒸糕，还要把蒸糕放到水井里，用来敬井神，祈求井神保佑全家这一年都有水喝、平安吉祥。大人小孩自除夕夜就忌说不吉之言，如饺子破皮，忌说“破了”，要说“挣了”；瓶子、碗等摔碎了，要说“碎碎平安”，谐音“岁岁平安”；饽饽蒸裂口了，忌说“裂了”，要说“笑了”。

正月里人们走亲访友，欢度佳节，热热闹闹的年味一直延续到十五。正月十五，又称元宵节、灯节、上元节，各家提前刻好萝卜灯（现在有的人用一些带电池的小灯笼），午后送到祖先坟墓，称之“送灯”，表达对先祖的怀念。傍晚，红彤彤的大红灯笼挂起，热闹的街市门口张灯结彩，吃汤圆或饺子，家里供养，一家人团团圆圆聚在一起，祈求一年平安、幸福。

伴随着春天的脚步来临，天地新生，万物复萌，落雨纷纷，缅怀先人。清明之季，人们焚香扫墓，祭祀祖先。清明节祭祀主要是压纸为主，现在很多人采用献花方式，寄托对先人的怀念。村民李宗玲说，“我们家和别人家还不一样，别人家都是男孩子去上坟，我们家我爷爷规定，女孩子也要去上坟。”去给老人上坟，是否男女都去，具体还是要看每家的情况。有种说法就是“爷积孙”，就是说爷爷在世时候多做一些功劳，然后积攒的功德就可以流传到孙子那一辈，孙子就会有好的福报。参加完祭奠，回家包饺子、吃大饽饽、吃鸡蛋，寓意一年都身体好。

清明时节大地回春，而月日（也就是十月一日）时，天气寒冷，人们挂念祖先会在阴间受冻，就用布或者纸做成衣服（冥装）焚化，送给祖先，让他们温暖地度过寒冬，诸如诗句“清明压纸换单衣，月日挂纸穿棉衣”所描述的一样，人们在享受幸福生活时刻还永存对先祖的怀念之情。人们也经常在清明或者月日给先人们树碑立传。

提到祭祀还有七月十五，也叫中元节，是重要的鬼节，要供养死去的人。家家也是摆上供桌供品祭祀，主要是摆上水果，桃子、苹果、香蕉、葡萄、枣、西瓜等，凑合五样。忌摆梨，因为梨（离谐音）这个字不太吉庆。一般习俗是吃饺子，烧纸祭拜。这一天，人们不出海打鱼，传说有出海的再也没有回来。

五月初五，端午节。家家以蒲艾插户，贴“门符”，贴福，放瞌睡草。人们要佩戴一些艾虎、香囊等饰物，儿童在手臂上绕五色丝线，也叫长寿线、续命线、长命缕、百命索。缝制的五颜六色的猴头，扎起的轻巧精致的小扫帚，蒸煮的各种味道的粽香和蛋香，都表达了人们祈求平安的美好心意。

七月二十二财神节，人们早晨摆上供品，晚上燃放鞭炮，尤其是经商者比较重视，期盼未来生意红火。

农历八月十五中秋节，纵使身处各地，西解甲庄的游子们心总是连在一起的。这一天，离家的人尽可能奔波回来，出嫁的女儿要回家看望亲人，赠送月饼。中秋这天晚上，是一家人最幸福的日子。阖家团聚，吃着月饼、瓜果，饮酒赏月，诉说思念之情。不能回家团圆的家人，也会遥对明月，寄托一份相思和祝福。

九月九，老人节，也称“重阳节”。重阳节有登高、吃米糕、赏菊采菊等系列习俗。西解甲庄老人在重阳节一般也要走走，喜欢哈汤（吃面条）、吃咕馇（饺儿、饺子），俗语，“哈汤儿女闹洋洋，吃咕馇儿女一股子（音）”。基本寓意是儿女多，儿孙满堂，喜庆、热闹。

随着时间的更迭，一些传统节令习俗逐渐消失在人们的记忆中，但“尊老、敬老、爱老、助老”的主题及对未来美好生活的憧憬和期盼却世代传承，激励着人们感恩先人，把握当下，不断进取。

采风闻俗

百里不同风，千里不同俗。西解甲庄的村民们在多年的生活中也形成了自己的风俗习惯，如生产、婚丧、节日、礼仪等习俗。感恩先人，祈求吉祥，向往美好，渴望亲情，人们把诸多美好的感情融合在风俗中。随着社会的发展，合理、健康、科学的风俗习惯得到延续和传承，而不合理、不健康、不科学的风俗习惯逐渐被剔除和改变。风俗的消亡和变化，反映了西解甲庄村民们生活理念的变化。

精巧面食

香软的面粉，经过一双双灵巧的手，赋予了各种含义。在节日、宴会等重要场合，各种精巧面食展现了西解甲庄人对传统风俗的理解和传承。

孙学娟（1968 年生），自己经营了一家群芳面食店，她给我们介绍了自己制作的各种精美面食及其特殊的用场。栩栩如生的腾跃彩龙，伸展着五彩尾翼的凤凰，点染出一派欢天喜地的氛围。五彩斑斓的花饽饽，在婚礼中的应用极为重要。婚庆花饽饽以制作“龙凤呈祥”“四季花开”等寓意美好幸福的大件花饽饽为主，娘家要准备两个铜盆盛放花饽饽，一个铜盆里做的是龙凤呈祥，另一个铜盆里做的是两条鲤鱼。结婚当天新郎接新娘时带上铜盆花饽饽，到婆家时摆到柜子上，寓意新人恩爱幸福。铜盆花饽饽除了以龙凤为主，还要配以鸳鸯、金鱼、鲤鱼、葫芦、石榴、荔枝、花朵等，花饽饽造型生动，五彩缤纷，艳丽明快，增加了喜庆的气氛，丰富了民间婚俗的内容。

花饽饽是用来压箱底的，一般就是压 6 个，之前人们往往压 12 个。花饽饽上面画一个“福”字或“喜”字。还有一些食品，如鲤鱼、莲子、荷花、荔枝等，具体形状还要根据自己的需要决定。荔枝、莲子代表“立子”的祝愿，而荷花则表达了人们对新婚夫妇“百年好合”的美好希望。

喜结良缘之后的一大乐事，便是喜得贵子了，自然也少不了寓意丰富的面食捧场。在孩子满月或者百岁时候，姥姥家要送一些花饽饽，数量、大小没有讲究，一般是一对“根”、一对“长穗”（岁）或一对“粔粔”、一对“燕”（喜鹊）、一对“葫芦”或一对“如意”，盼望外孙健康成长。

送花饽饽也是有一定讲究的，如果是男孩过满月，做“虎头”“小燕”“牛蹄”等，取“一对虎、一对燕、一对牛蹄中状元”；女孩则做一对“岁”、一对“燕”、一对“如意”，表达老人对孩子的殷切期望。还有人送老虎花样面食，加上虎头帽和鞋，寓意孩子出行时候，有看护的，男孩长大后出将拜相，女孩则嫁一个好丈夫。“蛾飞蛤蟆走，保你活到九十九”，所以还有的人家会送“蝴蝶”“蛤蟆”“鱼”等各种图案的一些面食。不管图案如何，每一个送出的花饽饽都带有美好的寓意，表达了西解甲庄人对新生命的殷切期望和爱护。

“巧果”又名“乞巧果子”“巧饼”，是用油、面、糖等做成的各种形状的小面点，香甜可口，是七夕节的一种传统节日面食。磕巧果，用各种模子做面食“巧果”，有各种图案，如蝙蝠、莲子、鱼、如意、叶子、知了、蝴蝶、猴子、花、小篓、狗等图案。“巧果”可以用线穿起来，中间还可以穿上一些小果子或其他小装饰物品，不仅是小朋友们的乐趣，也可以展示妈妈们的巧手。

岁月终将每一个新的生命打磨得更加深沉厚重。暮年的日子里，每一个寿辰都显得尤为重要。村里的老人们一般从60岁开始庆寿。晚辈们惯常送上寓意深厚的花饽饽，如大寿桃、如意等，表达对老人们的孝敬之心，祝愿老人健康长寿。贺寿时也会摆酒席宴请宾客和家人一起欢聚，在寿宴上有长寿面、饺子和花饽饽等食品。

春节的花饽饽，预示了全家团圆、日子兴旺、年年有余。蒸的大饽饽，一般是一斤和一斤半的，因为“半”字不吉利，因此村里许多老人过年时候蒸一斤六两的饽饽。祭祀时用的大饽饽一般是带枣的，表示喜庆。上面装饰13个枣，中间放1个，然后在边上四面放，每边3个，一般使用整个小枣。枣的数量也不固定，有的家庭用9个枣，有的用5个，为图个吉利，因此枣子的数量大多为单数。家里有去世未满3年的人，祭祀时用的饽饽则是光头的，就是不带枣的，可以在上面盖个印，如福、喜字样，字的颜色一般根据去世的时间而定，去世1年用蓝色，2年用红色。

人们还做其他式样的面食，如豆包、豆饽饽、糖包等，制作一些有寓意图样的小食品，如莲子、鱼、圣虫等。这些食品在大年初一凌晨的时候被放到独特的地方，如圣虫可以放在供桌的左右用来祭祀，也可放在米盆里、面缸里，意在保佑年年丰收、粮食有余。猪头放在厨房灶台上，压住锅台，谐音“聚宝盆”。还有葫芦、元宝、刺猬式样的，一般放在窗台上。俗语“‘丫丫’葫芦压窗台，金银元宝滚进来”，基本寓意为“年年有余，财源滚滚（剩，盛，有），利于子孙后代（利子）等”。

面食（1）

面食（2）

建房习俗

房子作为村民们的居住之地，建造自然有一定的讲究。隆重的建房仪式表达了村民们对入住后美好生活的展望。按照民间建房的程序，建房礼仪大致上可分为选址、立中柱、上梁、立门、竣工等几项，为了使万事顺心，人们对于建房还是比较讲究的。有俗语讲：“土公公，土婆婆，见了面得躲躲”，这些礼仪的目的是祈求房屋永固、富贵长久、子孙满堂。

上梁仪式被人们视为建房过程中最重要的礼仪。一方面上梁要择日择时辰；另一方面还要组织人“封檩”，就是明间的檩条。这根檩条很有讲究，有条件的话，必须是香椿木的；如果没有，那也要取一小段香椿木，镶嵌在檩条正中的下方。因为香椿俗称“百树之王”，民间历来把它奉为驱邪镇宅之木。讲究的人们在封檩时，在檩条的中间下方用一个一尺长、八寸宽的红布挂在檩条上，四个角各镶一枚铜钱，下方挂上五彩布条，再用红绳串起一串七个铜钱，用红布包好一双红筷子，两头各用两枚铜钱固定在檩条上。两根红筷子表示“好事成双”，上面四个铜钱表示“四路畅通”“四平八稳”，下面四个铜钱表示“四红四喜”“喜事不断”，红布上的一串七个铜钱表示“七星高照”。

上梁这天，天色未明，东家就将 4 个白面做的“神虫”放在房架的 4 个“马头”上。吉时到，东家先找人在房架四周燃放鞭炮。与此同时，全体木匠、瓦匠以及前来帮忙的人一齐动手拉梁上架、钉椽子，只留下脊檩不钉。这时，东家将一对面塑老虎摆放到正间两壁壁龛里，然后抬一张方桌放在正间中央，用红布遮盖，上面供着一边 5 个共 10 个饽饽，还有 6 大盘子的鸡、鸭、鱼、肉等菜肴，菜的中间是一个大大的猪头，前面摆着香炉，烧着香，还有的摆上祥龙、瑞狮、寿桃、鱼等供品，点燃两只蜡烛，敬天地众神，祈求各路神仙，保佑房主家安梁大吉，子孙满堂，诸事平安。

上梁过后就“叩中”（叩中就是在屋脊最中间的瓦下面，扣下一些钱，数量不限），寓意财源滚滚、大吉大利。现在村民们自己建房的越来越少，仪式也少了很多，很多建房细节逐渐遗失在人们的记忆中。

婚丧习俗

婚姻是人生中的大事。在西解甲庄，旧时婚礼烦琐，规矩特多。新中国成立后，有所简化，但有些程序仍然延续。一般男女双方经人介绍后，约定日期、地点，见面交谈，当地人叫“过目”。如彼此满意，即由介绍人领女方到男方家“看家”，如女方同意，择日到男家认亲，女方开始叫男方的父母叫爹妈，而男方的父母也当面授予女方礼物或现金，称为“压腰”。然后男方家再把正式聘礼送至女方家，这为正式订婚。此后登记择日结婚，好日子一般选旧历双日或三、九也可，现今“五一”“十一”“元旦”或双休日都可，不像以前那么讲究。结婚过去乘轿、軸；新中国成立后乘自行车、拖拉机甚至有的步行；再后发展到双排座汽车、面包车、轿车，档次越来越高。客请得越来越多，鞭炮放得越来越响，过去照相都少见，现在普遍录像。

新婚仪式后，有“搬三”“看三”“站九”的习俗。搬三，即结婚第二天早上，由本家大妈、婶子搬新媳妇到家吃婚后第三顿饭（结婚之日在婆家吃过午饭和晚饭），故称“搬三”。婚后第三天的时候，女方要携夫婿并带上许多礼品回娘家省亲，俗称“看三”“站三”。有的是在婚后的第九天回娘家，俗称“站九”“归宁”。“归宁”是俗称“闺女”的谐音或变音。女儿首先是要感谢父母的养育之恩，女婿也要随之拜谢岳父母，及拜见女方的各位长辈亲属。女方家在这一天的中午是要摆“归宁宴”接待的，女婿是上席，由女方家有身份或有威望的尊长相陪。

此外还有诸多禁忌。新婚前一夜，准新郎忌一个人独睡新床，可找一位大生肖且未成年的男童陪睡。结婚成亲之日，新娘出门时应啼哭，姑姑和嫂嫂不能相送，“孤、扫”音，不吉利。新婚七日新媳妇忌空房，忌探望产妇，忌到产妇炕上坐。孕妇忌见死尸，忌参加婚庆，忌在娘家生子。婴儿出生一个月内，忌动土除粪，忌动污秽之物。

隆重而严苛的丧葬仪式体现了西解甲庄人对生命的敬重之情。人故去，称为“老了”“没了”。旧时丧礼多奉行“三日殡”，富户亦有五日或者七日大殡。现在一般当天或者第二天出殡完成，礼节少多了。

当人将气绝之时，要急速地给老人穿上早已准备好的送老衣裳（寿衣），为其梳洗装扮。寿衣不能带扣，全用布条系上，取“带子”即后继有人的意思。同时，要请人帮忙料理后事，请村中老人或家族中有威望之人作为统管，统领丧事。差人分头给亲友们打丧（报丧）、布置灵堂、择位造墓。

灵堂位于正间，朝正北方向用门板搭制灵床。移尸于灵床之上，头东脚西仰卧。为死者口中、手里放上碎银，并用碎玉封住七窍，以免死者不安生。死者身下铺黄草纸，身上盖白布单，叫作“铺金盖银”。灵床前摆供桌，桌上置死者牌位、长明灯、香纸几个色供品。桌下放一烧纸盆，称为“小殓”。次日进行“大殓”，烧冥资一包，上写着死者籍贯、姓名、享年，称“倒头包袱”，然后到土地庙送魂。

灵堂中，用稻草铺地，子女跪于两侧，烧纸焚香守灵，称为“送终”。所烧香纸灰用黄纸包起，为死者的“盘缠”。如有亲友客人来拜祭，子女们要叩拜还礼。傍晚，族人端盘携浆水在前，子女亲友们身着孝服、手拄孝杖，由执事人领路，至土地庙烧纸焚香，跪祭哭泣，然后原路返回，叫作“报庙”。“报庙”意为给死者在阴曹地府报名，通告阎王准备接收亡魂。

第三日才将死者入殓，期间每天早中晚各报庙一次。第三天凌晨，丧主备纸马一匹、纸人一个、冥资一宗，到土地庙焚烧，称“送盘缠”。中午前将死者出殡，俗语称“出大殡”。孝男孝女跪于灵前痛哭，族人帮忙将尸身移入棺材。到了测算好的时辰，盖棺起灵。扶丧人将焚化冥资的灰盆在死者长子头上顶过后摔碎，俗称“摔灰盆”。

送葬队伍缓缓前行，行至村中街上十字路口，要停灵设供摆“路祭”，就是在路边摆上八仙桌，在桌子放上遗像和碗，不重样的四种点心，供女婿、外甥或者是街邻、好友祭拜。以前是路上停好几次，现在在上灵车前就停一次。女婿要带点心，如桃酥、香蜡、纸和鞭炮，条件好的可以带花圈，一般行四叩礼。路祭朋友也可以参加，按亲近度排队。子女们在灵旁边跪着，儿子在前面，姑娘、媳妇在后面，孝子要行叩谢礼。

如今要火化再入殡，由儿女和几个亲属陪同，由灵车拉往火葬场火化。通往火葬场的路上，要往外撒纸钱，叫作“买路钱”。“火化”本地俗语“殓”，骨灰盒由子女子孙和亲友送到坟地。下葬后填土成圆形坟体。

下葬后的第三日，子女们要到坟前培土压纸钱，叫作“圆坟”。老人死后，子女亲戚需要戴孝，一般子女戴孝3年。

自死者去世之日起，每七天举行一次祭奠，直到过了七七四十九天，俗称“烧七”。其中五七和七七最为重视，除了儿女，近支亲友们也要来祭奠亡者，还要扎纸。人死的第一百天要“烧百日”。死者故去后的第一个生日，儿女们要为其“烧生日”，也是上坟烧纸祭拜。人死一周年、两周年、三周年三个祭日，儿女亲友们要给其“烧周年”。烧周年，尤其是三周年要办得隆重一些，有“五七三周年，儿女要齐全”的俗语。烧完三周年，整个丧葬礼仪也基本完成，只待清明、十月一、过年等节日时儿孙上坟祭奠了。

十二、故里今昔

现代化的平房、楼房夹杂着传统意义上的官宅、民舍，构成了西解村别具一格的村落体系。西解甲庄如今的建筑，既有整齐宽敞的明堂瓦舍，居家实用的高档楼房，又有供村民学习、养老、休闲的综合性服务场所。它们紧密整齐地排列在苗山前怀遥遥伸出的两条山岭之间，房屋鳞次栉比，线条简明大方，村道干净整洁，绿化休闲设施一应俱全，已然是一个舒适便捷的现代乡村。西解民居与自然和谐相衬，与地域资源相融合，洋溢着亲切宜人的生活氛围。

老屋旧舍

自明朝嘉靖年初至今，西解已有400多年的历史。遥想曾经的西解村，科举兴盛，春风得意多名士；商业繁荣，宝马香车鱼龙舞。行走于青石板铺成的大街，马蹄声碎，回声阵阵。古木参天掩映着青砖粉墙，人声熙攘络绎不绝。街道两边是高耸的屋宇和蓊郁的槐树，从村东颇有气势的曲氏牌坊，直到村西那座嵌着五脊六兽略带峥嵘模样的锁郎门，800米的长街上，数百幢官宅民居错落有致分布其中，其规模盖胶东之冠，无出其右者。

如今，踏着整洁的小巷穿梭在村落中，依然能从那些饱经沧桑的老屋旧舍窥视曾经的风采。西解甲庄现存古宅共27处，大致位于南街、西北街、河西与后街。其中在南街有李乃行一栋，李启平处两栋，李铭义四合院一套，东临一栋，东兴家前后四栋，李明熙处前后四栋，祠堂现在两栋，修复后四栋。大街西北处，有李宗水一栋，李国娟一栋，李崇翠一栋。在河西处，李宗杰前后两栋，尚书府东李玉平一栋，后街李致玉处三栋，胡同里面李秀绩一栋。这些房屋的来历，大多是家族自行建造，李玉平的房子则是后期购买尚书府的客屋家。错落有致的老建筑夹杂在现代的乡村中，偶尔在村落的不起眼处留下历史的遗址。这些既往的幽灵点嵌在尘封的村志中，淹没在西解老人的记忆深处，历史与现实缠绕交织。恍惚中，是一种奇妙魔幻的心灵碰撞。

春花秋月何时了？往事知多少。当你真正走进这个看似寻常的乡村，走近村落中的古宅，年代的厚重感便伴着青砖青瓦扑面而来。瓦房，是西解甲庄普遍采用的建筑形式，其屋顶用瓦覆盖，墙体多用石砖。青砖青瓦中体现一种素雅宁静之美。据村志记载与老人回忆，在新中国成立前村里的房屋结构多是三间和五间。富裕户盖房多按五间房设计，使用青砖墙，灰碌筒瓦，人字山墙，檐下墙顶有花鸟灰雕，磅礴而精致。屋内用四根顶梁柱固定好架梁，再依次铺设椽子。古宅顶部檩条顶梁，固定椽子。其中屋顶大抵有五檩、七檩、九檩甚至十三檩多种规格。顶梁柱高为8尺余。山墙上端通常用青砖砌至屋脊，于上端保留一对花窗。房屋外墙四角一律用青砖砌至屋角冰盘檐下，冰盘檐上方用一块花砖做戗檐。门楼设小架梁，小黑瓦铺顶，外墙用石料方砖砌，外挂白灰。官宅的门前都有石狮、石鼓。据粗略统计，村庄里面共有石狮和石鼓30多对。普通民居虽没有官宅奢华，却是“麻雀虽小五脏俱全”，木梁支顶，灰砖砌墙，雕花门窗亦是精致整洁。装饰风格总体朴素而不张扬，突出庄重、实用与吉祥。

驻足于如今留存的老屋前细细观看，会发现西解村的古建筑墙体普遍高耸厚重，门槛较高。古时候西解墙体上面的花墙，加上高大的房顶，以及屋顶上的那些脊兽，总体高度相当于现在的二层楼，峥嵘轩昂。甚至在胡同里面用脚使劲一跺，便会传来响亮的回音。老屋的正门入口普遍有多层高台阶。在古代，门楼门槛的设置是一种等级的体现，高大的门楼门槛更是官宅大户的象征。另一方面门槛作为门口的关栏，可将家中地气拦截于屋内，不让其逸去，此谓“积运聚财”。同时也是与外界的一份屏障，将风水中脏乱的东西拒之门外。

老房子屋宇顶上的小兽同样引人眼球。古时候在建筑的房顶屋脊上，能工巧匠们通常会装上形如鸟鱼的小兽饰物，西解村的官宅此特点尤为明显。高大的屋宇顶上雕有五脊六兽，即上脊五条，四个角各有兽头六枚。四条垂脊上，排列着五个“蹲兽”，分别是：狻猊、斗牛、獬豸、凤、狎鱼。这五种兽合称“螭吻”，明朝杨慎在著述中有记载：“螭吻，形似兽，性好望，今屋上兽头是也。”传说中螭吻能喷浪降雨，防避火灾，驱除魑魅。屋脊上的兽头皆面貌狰狞，威严凶狠，带着镇物安宅的威风。脊兽一方面具有极强的装饰作用，另一方面也在结构上稳固了屋脊和瓦垄。吻是固定正脊、岔脊的构件，其他小兽均具有防止屋脊滑动的作用。屋顶的脊兽特别大，系与砖瓦一起烧造而成，峙于脊上，成为建筑中不可缺少的一部分。风吹日晒上百年，很多脊兽外部已经损坏，但依然牢牢地屹立在殿脊上。西解甲庄当年满疃全是清一色的大瓦房，从整个西堐顶往村子里看，黑压压的一片，高高低低起伏错落的屋脊上全是五脊六兽。

这些美观实用的小兽端坐檐角，美观大方又富含寓意，颇具中国传统文化气息。正如梁思成评价道："使本来极无趣笨拙的实际部分，成为整个建筑物美丽的冠冕"。脊兽雄峙，峥嵘轩峻。历经200多年风雨，虽部分房屋倒塌，但仍可窥见其昔日的恢宏。晨钟暮鼓，岁月悠悠，殿顶上的脊兽给人们带来了无限的遐想；冬去春来，人各一方，村里的老屋不动声色地抚平繁华与清凉。

建筑是时光更迭的载体，从传统老屋旧舍到现代新式民居，西解村人们生活质量也较旧社会有了很大提高，这是新时代巨大的红利。西解村曾经的繁华盛景，则是这个村庄厚重的文化与精神底蕴，是村庄发展的内生动力与潜力。老屋旧舍于村子而言不可缺少，它们不仅承载着老一辈村民的记忆，是家族辉煌的见证，更是这个祖辈留给后人的精神财富。如今西解村陈列的合路通街数个的四合院、李铭义家将近百年古香韵味的四合小院以及正在还原的李氏祠堂等等，依然可以供慕名前来的有心人管中窥豹，遥望百年前繁华盛景之一斑。

老宅（1）

老宅（2）

老宅（3）

四合小院

四合院是胶东建筑的优秀代表，也是中国古近代建筑精华之一。坐落在村庄东南李铭义老人的四合院距今已有近百年的历史，是村庄唯一保护完整的民居四合院，在烟台地域也屈指可数，足显珍贵。

李铭义老人（1939 年生）的四合院是胶东典型的二进四合院，一隔两道院，分为南院和北院。北屋正房与南屋各 5 间，厢房 6 间，共有 16 间房。四合院呈正长方形，房间按八卦和风水定向，正房坐北朝南，倒座房坐南朝北，偏东南向。倒座房、厢房与正房之间外围套院墙，形成了一个规整、封闭、静谧的院落。

大门置于院落的东南，一是取“紫气东来”之意；二是东南方位占据八卦中的巽位，体现“坎宅巽门”的原则。宅门设有门楼，门楼未单独设顶盖，它与倒座房房顶为一体。门楼正对面修建一方形素面照壁，用来辟邪。照壁不是独立而建，是东西向的一道隔墙，它连接着东西厢房的南山墙，照壁刚好置于东厢南山墙，与宅院大门及过道对应。

隔墙把院落一分为二，即南院和北院，隔墙正中修有小门楼，也叫二门，起沟通衔接南北两院的作用。南院为狭长窄院，隔墙至倒座房南北间距仅一米有余。其中门楼东为门房一间，设南北窗各一扇，其中南窗为檐窗，用于伙计住房；倒座房西侧三间房，用于招待客人。两边客房分列东西，客房北和中厅正间共开三扇大窗，客房南东西各开一扇檐窗。

跨过二门，便是北院。北院为方形院落，院落宽敞，仅庭院面积几近 50 平方米，是四合院布局的中心，也是家人们穿行、采光、通风、纳凉、休息、家务劳动的场所。北院设有厢房和正房。东西厢房相向而建，各为3间房。厢房门设在中厅间，其余2间分列南北。东西厢房各有3扇窗，其中厢房门两侧各设一窗，厢房门对面开一扇大窗；东西厢房的门、窗等互为对称呼应。东西厢房为侧室或后辈居住，东厢为大，西厢为次。

与东西厢房北面相接的是一排5间房，为整个院落的正房，正房与厢房之间留有一米半的夹道，便于通风、透气、采光。正房正间为过渡间和厨房，南置东西2个锅灶，北面安放碗柜、水缸等家具和工具。东西两间为起居室，南面盘火炕，用于睡觉、休息、用餐等，正房锅灶烟火由烟道经火炕至屋顶烟囱排出，以此提高室内温度，取暖、除潮而不污染；北面和东西两面则安放大衣柜、小柜、椅子等家具。起居室右为尊，左为次，分别由祖辈和父辈使用；再两边间为未婚子女分别居住，多用于未婚女子。

正房在四合院建筑群中占主导地位，倒座房次之，厢房再次。在基础高度、建筑结构、用材、选型及开间和造型上均有体现。屋架为木柱支撑，圆木檩条，圆木椽子；屋瓦为包扭瓦，檐头安有祥云瓦当和花纹滴水。正屋屋脊造型从下至上由板凳砖、压带砖、花板砖、混砖和筒瓦砖构成，简洁吉祥。正屋，屋檐前后出厦，厢房前出厦后不出厦，倒座房前后都不出厦。墙体“剪墙”以下由灰色花岗岩斗石砌筑，前后剪墙三砖腰线，腰线上部为烂石砌、石灰抹面，山墙为硬山式。建筑用材石料、青砖取自本地，房梁木材为海木。

四合院装饰风格简洁、实用和吉祥。大门安置4个方形门簪，分别刻有福、禄、寿、喜字样；南屋和二门各有一对方形门簪，均刻有寿字，只是字体有别；东西厢房各有圆形门簪一对。二门朝南门面装饰护门铁和门环。护门铁的材质为铜圆钉，位于左侧大门的右下方和右侧大门的左下方，大门合拢组成了一个如意对称的完整图案，表达出入平安、事事如意的寓意。左、右侧门安装五角星形黄油铁环一对。整个建筑色彩以白墙的黑、青、灰（黑瓦、青砖、灰石）和白为主色调，以门、窗的红色为点缀，繁而不杂、庄重而不呆板。

正房的北门外是个美丽的花园。院子里养着猫儿、狗儿、鸽子、小白兔还有小鸟。庭院中栽种和摆放着不下 15 种的绿植花草，有佛手瓜、灯笼椒、冬梅、麦兰花、迎春花、大头兰、仙人掌、月季、菊花、盘龙香、绣球、马蹄莲、兰花、桂花和护盆草等。秋季的庭院简直就是佛手瓜的世界，藤叶遮住了整个庭院，挂在佛手瓜架下数不清的一个个嫩绿的佛手瓜，伸手可得，喜不自禁。早些年，南边夹院栽种了两棵果树，东边为杏树，西有苹果树，因而庭院四季可赏花，夏季可纳凉，秋季可品果，置身其中，清香四溢，沁人心脾，情深味浓。

房主李铭义老人是清一品大员、工部尚书李永绍的第十七代族孙，为李永绍长子长孙的后人。他个子不高，但精神矍铄，如若不是他亲自讲述，很难看出他有过坎坷的身世。

李铭义出生时，家道已经衰落。他曾经有一个哥哥、一个姐姐，哥哥 4 岁时得了痢疾死了，姐姐 2 岁时病死了。更加残酷的是在他还未满周岁时，父亲也去世了，是母亲一人将他艰辛拉扯长大。当时的四合院里，奶奶住正屋东陪房，大爷住东厢房，母亲住西厢房。由于生活所迫，四合院的房产不断变卖，到了新中国成立前，仅剩下了李铭义老母亲坚守的 3 间房。

李铭义 1963 年结婚，先后有了 4 个孩子，2 个女儿、2

个儿子。1973 年，李铭义花 1 300 元买回了这套四合院，当时交税 78 元。他为了买下这套房子，全家还了 5 年的债。上有老母亲，下有 4 个孩子，他们一家 7 口人艰难度日。白天，李铭义夫妇俩在生产队参加生产劳动，只能挣下个口粮钱；晚上，李铭义老伴就绣花以补贴家用。一年到头全家从肚子里抠出钱来，连布票、油票都卖了换钱，每年能还上二三百的债务。

5 年之后，孩子们开始长大了，家里养起了长毛兔，孩子们每天割草、挖菜，老母亲负责喂兔子。1984 年单干后，李铭义自己栽植杏树和桃树，他的桃树成了有名的桃王，他也成了种植果树的行家里手。每到杏树、桃树结果的季节，李铭义夫妇拼了命地干，老伴负责在果园摘，李铭义负责到牟平集市上去卖，有时候他一天骑自行车跑三个来回，一趟 45 分钟，一次驮一个大筐，能装 120～130 斤，得两个整劳力才能抬到自行车后座上。他早上天不亮就出发，等天放亮了也到牟平集市了，晚上得赶完夜市才往回返，从牟平出发天就黑了，晚上八九点钟才能到家。这一大筐，好了能卖百十元钱，差些也能卖五六十元钱。1985 年，李铭义成了当时全村的冒尖户。1986 年他家的小麦打了 6 000 多斤，花生 2 000 多斤，给大儿子在村东盖了 5 间新房。李铭义老母亲 1988 年去世，享年 88 岁。李铭义提起老母亲，有说不尽的感恩。他说，母亲一辈子光遭罪了，后来孩子们都参加工作了，生活渐渐有了好转。老母亲桃酥、果子什么好的都吃上了，她挺心满意足的。

李铭义四合院

四合院航拍图

合路通街

西解甲庄的古民居院落除了李铭义的四合院，最有特色的就当属合路通街院落了。合路通街其最大的特点是几个四合院同在一个胡同中，而且所有正房均设南北门，因此，从南到北胡同和穿堂屋均一路畅通，合路通街因此而得名。

合路通街的院落为清朝所建，距今大概有 300 多年的历史，为典型的合院式清代民居。院落样式相当于若干个四合院从南到北排列，每个四合院封火山墙，双坡顶，由大埕、门头房、正座、厢房、后座、天井等组成。合路通街院落为清朝东兴“仁”字辈所建，“东兴”是清代房主人家族的堂号，其主人姓名现已无从考证。1947 年左右西解甲庄进行土地改革，合路通街的 4 栋房屋归集体所有，国家用作粮管所。1980 年左右村集体建了专门的粮仓，这些屋子就卖给了村民。据说当时想买房子的人很多，村书记实行拍卖的方式，村里人称作“叫行”，谁出价高就将房子卖给谁。于此合路通街院落分别卖给了李明佳、李海涛和李传厚 3 人，后来他们中有人搬离村庄，院落又经几次转租给了其他村民。

东兴家的合路通街院落临街而建，原建 5 栋正房，最北一栋的北门建有大门楼和大石鼓。新中国成立后，连房带石鼓均已拆除，现存 4 栋正房。胡同内院落正房都坐北朝南，山墙、屋脊相连。每个院落大体呈四合院状：正屋 6 间、东西厢房各 3 间、正房最东间作为胡同的门洞通道，此间安有南北两扇门，白天各户都打开，胡同南北通透，生活劳作十分方便。每户正房后与后院东西厢房间留近 2 米的空间，厕所设在西厢房西南。

东兴家的房子建屋用料石头、砖瓦、木材，多取自本地，胡同房屋的建筑工艺虽不算特别精致，但也属上乘。东兴家出于防护安全和长远考虑，采用这种相对封闭的院落民居格局，既有利于防护，又便于彼此照应。

合路通街为土木结构，屋脊是由木材上覆盖瓦片构成的。檐角最前端的瓦片被瓦顶固定，钉帽则是小兽形象。因檐角处于最前沿的位置，要承受上端整条垂脊的瓦片向下的一个“推力”，同时也易被大风吹落。人们用瓦钉来固定住檐角最前端的瓦片，在对钉帽的美化过程中逐渐形成了各种动物形象，在实用功能之外进一步被赋予了装饰和标示等级的作用。古代的建筑多为木质结构，易燃，因此檐角上使用了传说能避火的小动物。合路通街檐角以螭吻作屋脊镇火的兽头，这些美观实用的小兽端坐檐角，更为合路通街增添了美感，使之更加雄壮大气，充满艺术魅力。

现在看到的合路通街院落进行了大规模改造，正房几栋排列不等。时过境迁，合路通街的老房子也几易其主，几度翻上新漆，但如今墙漆颜色也大多消褪斑驳，依稀能在一些裸露的墙皮下窥视过去的影子。四平方正的墙体，紧密利落的瓦檐，正门旁四个大窗户整齐排列，颇有气势。部分院落内部长期无人照料，已然杂草丛生，成了村里孩子玩耍的“百草园”，这又别有一番趣味了。

合路通街

幸福满院

文化大院

“文化大院”是西解甲庄社区服务中心，是集党务、政务、学习、娱乐和休闲等多功能于一体的综合性服务场所。6 800 平方米的土地，38 间的房屋里，活跃着浓浓的文化气息，记录了村民们多姿多彩的生活旋律。自 2009 年竣工以来，大院承担了有关文化学习、思想教育以及党政宣传等重要任务，已成为西解甲庄不可缺少的重要组成部分。

文化大院，为村民们提供了广阔的活动平台。走进文化大院，右手边是占地 456 平方米的门球场，这是村里许多热爱运动的老人们不能割舍的地方。门球既富有娱乐性，又能强身健体，赢得了许多老年人的青睐。李秀美、李书升、李振家等都是门球的忠实热爱者。只要是天气、身体条件允许，他们都会出现在门球场上。老人们运动的身影也成为文化大院的一道风景。门球场的南侧是文化大舞台和两张乒乓球台。在三八妇女节、六一儿童节、国庆节等重要节日，村民们会在大舞台举办文艺演出活动。敲敲锣、打打鼓、唱唱歌、跳跳舞，一同欢庆佳节，李修杰、李曰武、李学圣等许多老人都乐在其中。文化大院的左手边是健身器材和篮球场，多种运动器材和场地满足了不同年龄段村民的健身需求，营造出一种热爱生命，热爱运动的氛围。如今的文化大院，已充分带动起西解甲庄村民运动的积极性，展现了全民参与、全民运动的良好风尚。

文化大院，为村民们增长知识、开阔视野提供了便利。院内设有党员活动室、老年人活动室、电子阅览室、培训教室、村史陈列馆、乒乓球室、台球室、农家书屋和多功能演播厅等。农家书屋中有 8 000 余册杂志报纸，包括文学、历史、心理、法律、廉政、少儿、哲学的藏书以及时事杂志和报纸等，可以让村民从书海中汲取精神养料；互联网多媒体电脑的电子阅览室提供了丰富的时政要事，让人们可以纵览天下信息。

漫步于村史陈列馆的 3 个展厅中，参观者们可以看到 260 余件传统老农具、旧时生活器具和用品，如碾子、石磨、水磨、石元宝、石缸、砘（碌碡）、石秤砣等石器用品；犁、耙、耢、耧、连枷、杈子、筐、簸箕、粮囤、围节、小地拱车、手推车等生产用具；陶制瓶瓶罐罐、泥缸、木桶、斗、升、面挂、豆腐挂、豆粕盆、织布机、纺纱车等生活用具；还有古老的账房书桌、算盘、笔筒、砚台、小罩灯、古书、账簿、布票、粮票、油票等物品。村史陈列馆全方位展示了乡村生活的发展与变迁。

在石器中，巨型石碾子给人留下深刻印象。碾盘的直径为 180 厘米，厚 30 厘米，碾砣直径为 52 厘米，长度为 42 厘米，整个石碾子重量在 3 000 千克以上。据老人们说，村里以前有三盘碾子，北井北面有一盘、十字街口有一盘、南街有一盘。

在众多的木器物件当中，有 2 件颇为引人注目，那就是大食盒和小食盒。食盒是专门盛放食物酒菜、便于携带行走的长方形抬盒，有木、竹、珐琅、漆器等材质，其中又以木质居多。大食盒做工十分精致，硬木拼接镶嵌完整，上面写着福禄寿、黄金万两、四季平安等字样，寄予了人们对美好生活的期盼和追求。上面有提手，可以挑着或者抬着。据说大食盒不仅可以盛装饭菜，更作为嫁娶、送礼和去坟地祭祖等多种场合的使用。李氏祖坟离村子较远，祭祖的时候经常需要抬着大食盒。一个小食盒也是非常精致。据捐赠者李文（1958年生）介绍说，老辈有男人在外工作，家里人去送饭、送点心用的。

在陈列馆中，还有一顶官帽和2个官帽盒让人难忘。由于时间久远，帽子使用的年代无从考证。“我们爷爷辈和太爷爷辈都是经商的，所以可能是太爷爷之前的先人留下的帽子，以前还有红缨等饰品，但可惜的是帽子上珍贵的饰品已经遗失，帽子本来的面目我也不记得了。”村民李文曾这样惋惜地讲道。虽然不能清晰可见官帽盒上精美的花纹图案，但精致的做工依旧让人颇为惊叹。

由于村里为官的人较多，因此帽子的装饰也不尽相同。有的镶嵌有宝石，有的则是水晶，不同的饰物代表了主人不同的身份和官位，但颇为遗憾的是，“文革”期间很多物件遭到了破坏。如今残留下来的这顶帽子和帽盒，甚为珍贵。

老物件可以让人们感受到时代的巨大变迁，也成为老一代人永远的记忆。书记李崇宁说起来的时候充满了自豪感和忧伤感：“我小时候见过不少这样的老物件，年轻的时候还做过豆腐，生产队的时候这些农具也都有接触，而现在能认识这些物件的人越来越少了。”

文化大院（1）

文化大院（2）

文化大院（3）

村史陈列馆

石器

幸福院

如果说文化大院是便利的全民之家，那么幸福院则是温暖的老人之家。沿着解甲庄中学向北行走不远，就能看到西解甲庄社区幸福院。干净敞亮的院子里，时而传来老人们细说邻里趣事的欢笑声，时而听到棋盘上铮铮落子的厮杀声，时而还会闻到阵阵飘来的饭菜香味，一种和谐美好的家的感觉涌向上心头。

幸福院的前身是老年活动中心，位于现在的文化大院内，仅为村里老人提供一定的运动及娱乐活动场所。为提高老年人的生活质量，充分发扬敬老、爱老的人文关怀精神，在上级领导的大力支持和村两委的不懈努力下，2015 年 8 月 4 日，西解甲庄社区幸福院正式成立。“幸福从这里开始，亲情在这里延续”是西解甲庄社区幸福院的服务宗旨。作为公益性场所，幸福院不具有任何营利性和商业性，真正做到了为百姓服务。

500 多平方米的幸福院，容纳了食、宿、娱一体化的功能。幸福院内设厨房、餐厅、老年活动室及休息室。日常的幸福院，充盈了小麦的阵阵清香与新鲜甜美的瓜果香，以馒头、面条、包子为主，充分考虑了老年人的饮食需求。当季的水果也是幸福院每日必不可少的供需品。每逢春节、中秋节及重阳节等传统重大节日，不少村里的热心人就会自发地给老人送去排骨、鱼等，为老人们改善生活。他们带来新鲜营养的美味佳肴，也陪老人们聊聊天、下下棋，举办文娱活动等都给老人们增添了生活的情趣。老年人们抑或沉思于各类棋牌，领悟棋道真谛；抑或徜徉于各类书报杂志阅读中，汲取精神营养；抑或静心倾听或参与聊天，家里家外，左邻右舍，大事小事，都可交谈。在这片有限之地，享受着生活无限的静谧与安详。

作为幸福院的一员，李氏第十六代李修杰老人觉得自己很幸福。“前些年老人们过生日都有蛋糕，现在改成送 50 块钱补助了”“60 岁以上的老人还有 300 块钱的补助，80 岁以上 600 块”，老人一脸兴奋地说道。考虑老人们的身体不便等情况，村委请专门人员为老人们做饭，每天都有值班人员负责来访人员的登记并督促服务人员打扫卫生、摆放好桌椅等，贴心细致的日间护理让老人们能在舒适的生活中安享晚年。不少社会上的志愿服务者也参与到幸福院的帮扶中，打扫地面，赠送爱心物品，陪老人们聊天谈心，老人们享受着来自各界的关爱和帮助。

除上级拨款支持幸福院的发展外，幸福院还通过“我为老人献爱心”的募捐形式向村民、驻村个体商户及社会人士征集善款。征集的善款全部用于幸福院的运营中，并在幸福院门口宣传栏张榜公示，其中第一次募捐共募集 47 840 元，包含村里人员募捐 29 810 元，村外人员募捐 18 030 元。献爱心捐款体现了村民们对老人的浓浓关怀之情。

目前在幸福院就餐的老人有 28 位，就餐时间老人可以在餐厅里吃，也可以领回家吃。每每看到老人愉快地讲述着幸福院的所见所闻，儿孙们也觉得很安心，很幸福。幸福院是西解甲庄老人安享晚年的幸福宝地，“老吾老以及人之老”的尊老风尚在村庄中绵延流传。

幸福院就餐

农家书屋

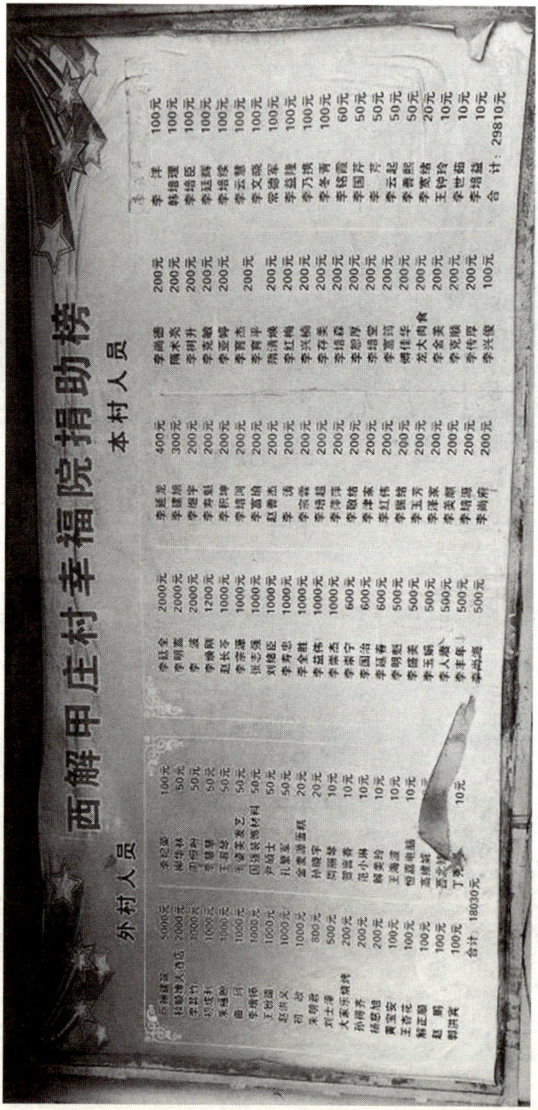

幸福院捐款

怀古咏今

西解甲庄村民李玉平（1957 年生），1965 年进入西解完小读书，1972 年毕业于西解联中，后一直在村中从事农业生产。工作之余，他致力于村庄历史资料的挖掘、搜集和整理工作，并写成多篇文章，1985 年后陆续发表在《烟台晚报》《羊城晚报》《今日莱山》等报刊，引起社会的广泛关注。他已撰写了十几万字的《家族的荣耀》，并计划写有关村里的建筑、书画等著作，为村庄的宣传做出了很大的贡献。两首诗歌是他对村庄历史和现实生活的讴歌，表达了他对村庄的无限热爱之情。

解甲庄怀古

诗画一轴展开后，青山这边好风光。
地皴崖壑层陵断，坡毓灵秀坳生香。
东西南北甜地瓜，嘉禾极目煙平川。
苗顶峻雄镇海隅，辛安清流映穹苍。
朝川薄雾贯轻纱，暮布彩霞染青山。
村前古槐门前柳，锁郎门对石牌坊。
风吹树动脊兽现，曲径幽向解甲庄。
青山这边好风光，清韵氤氲盈书香。
童稚出口诗漫地，鹤翁蒲柳作文章。
父子同科共折桂，兄弟联袂试朝装。
文武双全进士家，祖孙同僚写奏章。
耕读传家古训条，李门百六科举郎。

村前官道尘飞起，捷报这回到谁家？
青山这边好风光，冠盖如云载道望。
将军麾兵走天涯，洪武司马兵部堂。
功卓名成全身退，解甲归隐是赵仁。
有名永绍李司空，赤脚农夫入朝堂。
解民倒悬于水火，仁爱施政首乌程。
乡试正考凭公断，离任万众跪相送。
肩担道义袖清风，刚正清廉透九重。
乾清宫里朝天坐，景运门前骑马行。
执掌中枢工部堂，当朝一品光禄卿。
耄耋豪言谓元孙，尔祖清白吏江南。
钦赐顶戴回乡居，坐围乡亲论稼穑。
约山亭里写华章，遗墨留香三百年。
两代尚书两世臣，留得英明荫故乡。

西解甲庄

绿水青山天蓝蓝，锦绣瑞乡我家园。
山海城河风光好，胜地优雅景怡人。
群岭护拥艳明珠，靓河滋润五谷丰。
阡陌黎黍千重浪，甜美瓜果满山岗。
四季飘香花漫地，环翠蓊郁树成荫。
环境优美自然亲，空气清爽气象新。
人杰地灵物华美，民风淳朴毓文明。
自古俊雄多豪杰，文才武略创辉煌。

科举奇葩人称慕，民守律法吏清廉。
数风流尚看今朝，群情振奋走康庄。
村民团结铸辉煌，古老村庄焕青春。
兴业富民出成效，重鼓东风促发展。
和谐放妍幸福花，政通人和致富门。
民格崇德睦邻好，诚信礼乐话语亲。
康庄大道通九衢，民居巍伟筑城新。
高楼大厦平地起，宜居宜乐好气氛。
排水管道保平安，瑞雪豪雨只等闲。
街道整洁平坦途，小巷焕然亦清新。
村庄美化环境好，路灯繁华夜照明。
农用电力拉上山，果农省力更心欢。
平塘水库赛玉盆，甘泉喷涌抽上山。
电闸一合全搞定，浇水打药不靠天。
超市门前赶大集，居家方便享清闲。
公交车站家门口，南来北往履平川。
医疗财产双保险，无忧无虑多赚钱。
花甲老人喜过寿，村上祝福到堂前。
贺卡一张暖人心，寿桃未吃心里甜。
九九重阳老人节，耄耋欣慰受礼丰。
老有所养人宜居，欢乐祥和过晚年。
福利待遇人人有，食品富足不耕田。
端午中秋分福利，冬拥欢乐过新年。
路不拾遗心灵美，夜不闭户享太平。
往来谈吐都高雅，尊老爱幼礼为先。

八荣八耻行为规，五讲四美做典范。
村建高标幼儿园，重铸摇篮献爱心。
培英育才齐努力，童稚赢在起跑线。
尊师重教老传统，杏坛硕果多学子。
科学发展生产力，知识创新更无前。
文化俱乐有大院，陶冶情操娱身心。
火树银花不夜城，笑语相伴彩灯飞。
村民素质在提高，文化知识多修养。
调解室里漾和谐，一把涙气化吉祥。
书屋翰海知天地，科学阅览坐无虚。
棋牌老人分汉楚，斩将夺帅驱马车。
古稀耄老打门球，精神矍铄筋力奋。
老当益壮叱咤击，门球飞舞赛流星。
乒乓精灵弧划旋，笑脸挂汗身矫健。
洁白羽球掠网舞，挥拍翻飞势如风。
篮球频传龙虎斗，气势雄壮显青春。
出水莲花演太极，虚怀若谷飘逸仙。
健舞健身健美操，陶冶情怀人悠闲。
锣鼓激情秧歌出，艳如彩霞裳如虹。
游龙蹁跹歌十里，雁阵变化踏韵行。
阳春白雪弦乐起，顿挫抑扬声绕梁。
翩翩优雅载歌舞，惊鸿一瞥若飞天。
合唱队抒爱国情，激扬魅力宣内涵。
引吭高歌歌正气，气势磅礴憾心弦。
盛世和谐奔小康，前瞻未来风景长。

明日之城才崛起，一路香花铺远方。
策马扬鞭在今朝，大展宏图鼓干劲。
科学发展图复兴，齐心协力向前进。

李玉平和登科匾做的风匣子

后　记

如果不是参与市民俗文化村项目，也许我无缘走进这个与学校相隔不远的村庄。西解甲庄，位于烟台市城乡接合部，商业化、现代化气息浓郁，且又是一马平川的地形，树木花草较少，这让喜欢自然风光的我的感觉和情思开始处于停滞状态。

2016 年 9～12 月，我们团队成员 7 人带领学生开始进村调研，对西解甲庄村落资源进行全面深入的搜集挖掘。随着了解的加深，我惊讶于这看似普通的村庄却并不平凡，它是胶东文化名村。你很难想象，这样一个普通的村庄，历史上曾出过 200 多个科举名人。

我一次次走过村落宽宽窄窄的街道，喜欢遥想它几百年前的样子。300 多座官宅民居磅礴列峙，李九龄故居里绽放的粉红色玉兰花，荷花湾飘来的幽幽荷香，尚书府门前高大的门楼，约山亭里老尚书挥毫泼墨，以及一代代李氏族人耕读传家、奋发努力的身影。更敬佩于李氏先祖品性的高洁，从村庄走出去的 100 多位朝廷官员，上至部员大臣，下至地方小吏，没有一个有过贪污腐败问题。村落里的经商者不仅诚信经营，且“经商不忘桑梓情，富而不湮仁和义。”

但遗憾的是，这个村落及其丰厚的历史文化，不仅在外鲜为人知，村里很多李氏后人对自己家族和村庄的历史文化也了解不多，四五十岁的人尚且如此，就更不用说 20 多岁的年轻人了。村民们对村落的集体记忆基本断裂。没有记忆，就很难有热爱和自信，怎么能把家族优秀的文化很好地传承？

令人稍感欣慰的是，还有一些人在为村落历史的挖掘保留而不懈努力。李玉平，李氏第十八代子孙，几十年来，工作生活之余，他几乎把所有的时间都用在了李氏家族资料的搜集整理中。他的一篇篇关于村落的文章出现在网络报刊，这些文章被阅读、转载，引起了社会的广泛关注。他撰写了十几万字《家族的荣耀》，挖掘了很多宝贵的历史资料，为村庄的宣传做出了很大的贡献。在村委领导和很多李氏后人的共同努力下，《西解甲庄村志》《约山亭诗稿》以及先祖画像和李永绍一些书法也都保留了下来。

烟台市首届民俗文化村建设旨在通过对各个村庄特色民俗文化资源的挖掘与开发，寻找村庄发展的内生性动力，探索生态文明村建设的新路径，促进其在产业、生态、组织、文化建设等方面的可持续发展。从 2016 年 8 月至 2017 年底一年半多时间，我们先后有 20 多名师生加入队伍，对西解甲庄进行了多次调研访谈。一次次的乡村之行不仅培养了我们对乡村生活的洞察力，更使我们拥有了关注乡村、服务乡村的情怀！而尤令我们欣慰的是村民和村庄所发生的改变，尚书府、李九龄故居在各方的努力下终于开始修建。而抢救口述资料的过程，不仅使村民记忆中尘封的往事被唤醒，也让他们有机会重新面对自己的家乡文化，这是村落凝聚情感的重要因素。只有了解和热爱自己的村落历史与文化，他们才能把其中的优良传统，特别是传承了几千年的道德伦理更好地继承与发扬光大，他们的责任意识、参与意识也会增强，这也正是乡村振兴所需要的。

回首在西解甲庄的日子，内心充满感激。感谢原莱山农委主任高斌及莱山区解甲庄街道各位领导周红梅、王磊、荆兴业、邵国庆对我们工作的鼎力支持，他们俯下身子，踏实敬业，尽心为一方百姓造福。感谢村党支部书记李崇宁和前村委会主任李明嵩及现村委会主任李波等，给我们调研工作很多支持和帮助，李崇宁书记多次亲自开车送我们上山调研。感谢村民李玉平、李铭义、李学圣、李宗玲等，他们热情淳朴，一次次无比耐心配合我们的调研采访。尤其李玉平，不仅把他几十年搜集整理的相关材料无私给我们无偿使用，一年多来，他忙前忙后，为村庄的发展贡献了大量时间和精力。不论早晚，对我们的问题总是有问必答，不厌其烦地为我们的工作提供各种帮助，其对村庄的真挚热爱和无私奉献精神令我们深深感动，心存敬意。感谢我的同事陈玉波、安菁蔚、赵晶、鲁华娣，她们在前期的调研工作中，付出了很多心血和汗水，挖掘了很多宝贵的资料。感谢学生张序铭、藤嘉瑄和徐慧，他们参与了本书的调研、撰稿和校对工作，付出了很多的精力和心血。本书前言、后记及前四章由姜玉香老师撰稿，第五至第八章由于杰美老师撰稿，第九至第十二章主要由林丽丽老师撰稿，个别章节由于杰美老师撰稿。

一个有深度的社会，是必须拥有自己社会记忆的社会，就是要让我们的后代都能够在我们自己的文化传承里有尊严地生存。习近平总书记强调："文化是一个国家、一个民族的灵魂。文化兴国运兴，文化强民族强。没有高度的文化自信，没有文化的繁荣兴盛，就没有中华民族伟大复兴。"文化，也是一个村落的灵魂。文化振兴是乡村振兴战略的重要内容，优良传统的继承与发扬光大，特别是传承了几千年的道德伦理，是加强农村文化建设的重要举措。党的乡村振兴战略，地方政府、社会各界及村人的共同努力，让我们对西解甲庄和中国的乡村充满期待！

姜玉香

2018 年 8 月

附：西解甲庄历任书记、村长

村书记	村长	任职时间
李永深	李积义	1943—1946
李积义（南村） 李宗芳（北村）	李宗礼（南村） 李续祖（北村）	1947—1948
李莲熙	李续祖	1948—1951
李学文	李续祖	1951—1953
隋英清	李续祖	1953—1955
隋英清	李学文（社长）	1956—1957
李学文	李献琦（社长）	1957—1958
李学文	李献琦（大队长）	1958—1959
李学恩	李明熙（大队长）	1960—1961
李学恩	李学文（大队长）	1961—1963
李永深	李学文（大队长）	1963—1964
李学恩	李学文（大队长）	1964—1965
李明声	李学文（大队长）	1965—1967
孙世良	李文玉（“革委会”主任）	1967—1969
孙世良	李学文（大队长）	1969—1974
李学文	隋清敏（大队长）	1974—1976
隋清敏	李明鉴（大队长）	1976—1984
隋清敏	李盛美（村委会主任）	1984—1988
李盛美	李振德（村委会主任）	1989—1997
李振德	李振德（村委会主任）	1998—1999
李振德	李崇杰（村委会主任）	1999—2002
李崇杰	李崇杰	2002—2014
李崇宁	李明嵩	2014—2018
李崇宁	李波	2018 年至今